Melanie Klee
Ute Krämer und Roswitha Oehler
Natalie und Annette Kunkel
Heidrun und Hans H. Röhr
Hannelore Süß

FESTE FEIERN

Kommunion & Konfirmation

Tischdekorationen, Karten & mehr

Menü
Kommunion

Kommunion & Konfirmation

Den Tag der Kommunion und Konfirmation erwarten alle mit großer Spannung und Vorfreude. Bestimmt wollen auch Sie Ihrem Kind und seinen Gästen ein unvergessliches Fest bereiten. Dann finden Sie in diesem Buch eine Vielfalt an Ideen und Vorschlägen, von der Einladungskarte über die Tischdekoration bis hin zu individuell gestalteten Kerzen.

Ob für Mädchen oder Jungs, für Kommunionskinder oder Konfirmanden – hier werden alle fündig. Wir haben für Sie sowohl verspielte oder moderne ebenso wie edle oder klassische Dekorationen ausgewählt, sodass für jeden Geschmack etwas mit dabei ist.

Suchen Sie sich gemeinsam mit Ihrem Kind die passende Dekoration heraus und genießen Sie zusammen die Vorbereitungen für diesen ganz besonderen Tag!

Schwierigkeitsgrad

- ⚬ einfaches Motiv
- ⚬⚬ etwas schwierigeres Motiv
- ⚬⚬⚬ anspruchsvolles Motiv

IHRE GRUNDAUSSTATTUNG KARTEN UND PAPIERARBEITEN

Folgende Materialien und Werkzeuge werden für fast jedes der im Buch gezeigten Motive benötigt. Sie werden in den einzelnen Materiallisten nicht nochmal aufgeführt.

- Bleistift
- Metalllineal
- Silhouettenschere, evtl. Nagelschere
- Schere
- Cutter mit Schneideunterlage
- Transparentpapier
- dünner Karton (z. B. Tonkarton)
- Klebestift oder transparenter Bastelkleber
- UHU Kraftkleber transparent
- Klebepads
- Heißkleber
- Falzbein
- Prägestift
- evtl. Leuchttisch oder Prägeplatte
- verschiedene Pinsel
- Toaster oder spezielles Heißluftgerät für Embossing
- Wattestäbchen
- Stecknadeln

HINWEISE

- Mit „Rest" wird ein Stück bezeichnet, das kleiner als DIN A5 ist.
- Die Materialangaben beziehen sich auf eine Karte.

So geht es

Karten herstellen

Für die Modelle müssen die Vorlagen auf Schablonen übertragen werden, das erleichtert das Basteln von Karten in größeren Mengen. Dabei folgendermaßen vorgehen: Das Transparentpapier über die Vorlage legen und die Linien durchpausen. Die so entstandene Transparentpapiervorlage auf ein Stück Tonkarton aufkleben und ausschneiden. Fertig ist die Schablone. Die Schablone auf den ausgewählten Karton oder das Papier legen und mit einem spitzen Bleistift umfahren. Zum Ausschneiden einen Cutter oder die Silhouettenschere verwenden. Gemäß der Anleitung und der Abbildung mit einem Klebestift oder Bastelkleber die einzelnen Teile zusammenfügen. Zum Beschriften Filz- oder Gel-Stifte verwenden. Die Texte für die Karteninnenseiten mit der Hand, dem Computer oder der Schreibmaschine auf farblich passendes Einlegepapier schreiben. Die Einlegeblätter auf Wunsch mit etwas Klebstoff im Falz fixieren oder mit einem dekorativen Band einbinden.

Tipp: Für alle Objekte wird Klebstoff benötigt, z.B. ist UHU Kraftkleber transparent besonders gut geeignet, da er bei allen verwendeten Papieren nicht durchscheint.

Embossing-Technik mit Stempeln

1 Den Stempel mehrfach leicht aufs Stempelkissen drücken, bis er gleichmäßig glänzt.

2 Den Karton auf ein mittig gefaltetes A4-Blatt legen. Den Stempel möglichst flach mit der gesamten Fläche auf den Karton drücken. Den Abdruck großzügig mit Embossingpulver bestreuen. Überschüssiges Pulver unter leichtem Abklopfen auf das untergelegte Papier abschütteln. Von dort aus kann es über die „Papierrinne" wieder zurück ins Döschen geschüttet werden.

3 Das Pulver auf dem Karton mithilfe eines Toasters zum Schmelzen bringen. Dazu den Karton mit etwas Abstand über die Hitzequelle halten und warten, bis das Pulver gleichmäßig geschmolzen ist und glänzt. Nach einer knappen Minute ist das Motiv grifffest und kann weiter verarbeitet werden.

Tipp: **Statt mit dem Toaster können Sie das Embossingpulver auch über der Herdplatte oder mit einem speziellen Föhn, der so genannten Heat Gun, zum Schmelzen bringen. Ein gewöhnlicher Föhn funktioniert nicht, er pustet das Pulver in alle Richtungen.**

Beim Stempeln auf Karton darauf achten, das Papier nicht unnötig viel anzufassen, da an diesen Stellen häufig das Pulver haften bleibt und mit einem Pinsel wieder entfernt werden muss.

2

3

Schilderzuschnitte

Da es schon mal passiert, dass ein Stempelabdruck nicht gelingt, ist es ratsam, nicht direkt auf die Karte zu stempeln, sondern auf ein separates Stück Papier, das dann zugeschnitten wird. Das hat den zusätzlichen Effekt von mehr Tiefe und wenn es misslingt, ist es nicht so ärgerlich, als wenn gleich eine ganze Karte entsorgt werden muss. Für Anfänger auf jeden Fall zu empfehlen!

Es gibt zwei Arten von Schilderzuschnitten, Vorlagen siehe Seite 69.

Muster A

1 Das Motiv mit der Schere so ausschneiden, dass man die Form eines an allen Seiten eingedellten Kissens erhält.

2 Auf ein andersfarbiges, etwas größeres Stück Papier kleben und mit einer Zugabe von 1 mm bis 2 mm an der Kontur entlang ausschneiden.

Muster B

1 Das Motiv mit der Schere so ausschneiden, dass alle Ecken einen rechten Winkel bilden.

2 Auf ein andersfarbiges, etwas größeres Papier kleben und mit einer Zugabe von 1 mm bis 2 mm an der Kontur entlang ausschneiden.

Prägeschablonen selbst anfertigen

1 Das Motiv von der Vorlage auf Transparentpapier pausen, ausschneiden und die Umrisse mit dem Folienstift auf Laternenfolie übertragen. Die schwarzen Linien zeigen die Bereiche an, die geprägt werden, und müssen daher ausgeschnitten werden.

2 Damit die übrigen Teile nicht auseinander fallen und eine richtige Schablone ergeben, müssen sie auf einem passenden Stück Laternenfolie wieder so aufgeklebt werden wie vor dem Ausschneiden. Mit dieser Schablone ist es möglich, die gewünschten Bereiche zu prägen. Um die richtige Position der einzelnen Schablonenteile zu finden, die Vorlage unterlegen, das Motiv daran ausrichten und mit Kraftkleber aufkleben. Linien- und Wellenschablonen erhält man, indem man ein Stück Laternenfolie in der gewünschten Kontur durchschneidet und die beiden Teile im Abstand von ca. 1 mm bis 1,5 mm auf ein weiteres Stück Laternenfolie klebt.

Tipp: **Prägeschablonen gibt es von verschiedenen Herstellern aus verschiedenen Materialien (z.B. Fiskars oder Kars). Besonders praktisch zu handhaben sind Metallschablonen, die auf einem Leuchttisch gut durchscheinen. Linien in jeder Form gibt es beispielsweise von Fiskars, die in jedem guten Bastelgeschäft erhältlich sind.**

Hinweis: **Eine Schablone mit einer geraden Linie kann man für fast alle Kartenensembles brauchen, um damit Karten- und Schilderränder zu akzentuieren. Diese sollten Sie sich auf jeden Fall aus Laternenfolie anfertigen. Die Schablone muss dieselbe Höhe wie die Karte haben. In den Anleitungen wird meist nicht explizit auf diese geprägten Ränder hingewiesen.**

Motive prägen

Zum Prägen die Karte auf die Schablone legen und mit dem Prägestift die Linien ins Papier prägen; darauf achten, ob das Motiv bzw. die Linien auf der Vorderseite erhaben oder eingeprägt erscheinen sollen, je nachdem von der Rück- oder Vorderseite her prägen. Für Linien die dünnere, für Flächen die dickere Kugel am Prägestift verwenden. Gut geht das Prägen auf einem speziellen Leuchttisch, aber auch am Fenster. Einfache Muster kann man auch auf dem Tisch prägen. Leuchttisch und Fenster haben den Vorteil, dass man die Prägelinien beim Arbeiten besser erkennt.

Tipp: **Dünn angebrachte Bleistiftmarkierungen auf der Kartenrückseite erleichtern das Arbeiten. Diese können Sie nach dem Prägen mit einem Radiergummi wieder entfernen.**

Schleifen binden

Das Schleifenband mit Daumen und Zeigefinger in der Mitte halten, erst von links und dann von rechts eine Schlaufe zur Mitte legen (Brezel-ähnlich). Einen in der Mitte Haarnadel-förmig gebogenen Silberdraht über die Schleifenmitte legen und auf der Rückseite fest verdrehen.
Sollen die Schleifen doppelt oder dreifach gebunden werden, dann jedes Schleifenband separat wie oben beschrieben binden, übereinander legen und die Drähte auf der Rückseite miteinander verdrehen.

Gips-Gießen

Im Fachhandel sind verschiedene Gießmassen und Formen erhältlich. Bitte die den Packungen beiliegenden Hinweise der Hersteller beachten. Die Formenplatten müssen teilweise vor dem Gießen durch Unterlegen in exakt waagrechte Position gebracht werden.

Zunächst eine geringe Menge eingießen. Mit einem Borstenpinsel in der Form verteilen. Dadurch entsteht eine porenfreie Oberfläche. Um Luftbläschen zu vermeiden, ist es sinnvoll, die Form leicht zu rütteln. Die Formen nur bis ca. 3 mm - 5 mm unter den Rand füllen. Die Ränder des Teils müssen sonst mühsam abgeschliffen werden. Scharfe Kanten arbeitet man am besten mit feinem Sandpapier nach, das auf einen Schleifklotz (Holzleiste) gespannt wird. Zum Bemalen eignen sich Acrylfarben. Am besten feine spitze Haarpinsel dazu verwenden. Höhere Leuchtkraft und Schutz erhält man durch aufgesprühten Klarlack (bei Metallic-Farben nicht nötig).

Zum Anbringen der Kroko-Klammer wird nach dem Trocknen das Teil aus der Form genommen und mit einem passenden Metall-Bohrer (z.B. ø 2,5 mm) in der Mitte ein Loch von ca. 1 cm Tiefe hineingebohrt. Das geht am besten mit einer in einen Ständer eingespannten Bohrmaschine. Vor dem Bemalen den Draht der Kroko-Klammer mit einem Tropfen Klebstoff in dieses Loch einsetzen.

Kerzen gestalten

Materialkunde

▸ Neben den klassischen runden Kerzen gibt es inzwischen die verschiedensten, ausgefallenen Formen. Diese sind oft ein besonderer Blickfang und lassen sich durch die oft flache und breite Gestaltungsfläche sehr schön verzieren. Man sollte allerdings bedenken, dass eine Kerze immer in einem bestimmten Radius rund um den Docht abbrennt. Bei einer ausgefallenen Kerzenform ist es dann so, dass die Kerze nur um den Dochtbereich abbrennt.

▸ Achten Sie beim Kauf auf jeden Fall auf eine hochwertige Qualität. Sie zeichnet sich durch eine lange Brenndauer aus.

▸ Für Aufschriften wie Namen und Daten gibt es fertige Buchstaben und Ziffern aus Wachs oder Klebeschriften. Außerdem bietet der Handel Spezialfolien in Gold oder Silber an, die sich zum „Durchdrücken“ von Schriftzügen eignen. Diese werden auf die Kerze gelegt. Durch Beschreiben der Rückseite mit einem Kugelschreiber werden die Schriftzüge durchgedrückt.

▸ Schriftzüge kann man entweder auf der Vorderseite integrieren oder auf der Rückseite anbringen. Schlichte Gestaltungsmotive kann man wirkungsvoll mit Schriftzügen ergänzen. Für lange Namen ist oft kein Platz auf der Vorderseite oder aufwändige Motive werden optisch durch einen zusätzlichen Schriftzug zerstört.

Übertragen und ausschneiden

1 Die Motive mit einem transparenten Papier von der Vorlage abpausen, grob ausschneiden und auf einen Fotokartonrest aufkleben. Dann wird das Motiv exakt ausgeschnitten. Die entstandene Schablone auf die Wachsplatte legen und mit einem Cutter – oder bei filigranen Motiven mit einer Nadel – umfahren.

2 Bei geradlinigen Kanten kann man zum Ausschneiden den Cutter an ein Lineal anlegen. Zum Übertragen von Konturen auf die Kerze oder die Wachsplatte die Vorlage mit Bleistift auf Transparentpapier pausen. Die Kopie mit der Bleistiftlinie nach unten auf der Kerze oder auf der Wachsplatte befestigen und mit einem Wattestäbchen über die Linien reiben um die Bleistiftzeichnung zu übertragen.

3 Zum Fertigen von Negativschablonen für die Hintergrundgestaltung wird das Motiv aus Selbstklebefolie herausgeschnitten.

Motivhintergründe gestalten

1 Einige Motivhintergründe und Wachsplatten sind mit Acrylfarbe gestaltet worden. Dazu die Acrylfarbe zum gleichen Teil mit Kerzenmalmedium mischen und mit einem feuchten Schwamm aufgetragen. Man verwendet dafür einfache Küchenschwämmchen, die in der gewünschten Größe zurechtgeschnitten werden.

2 Eine kleine Menge verdünnte Farbe auf eine bereit gelegte Folie auftragen, die Farbe mit dem Schwamm aufnehmen und auf die gewünschte Stelle auftupfen. Nach dem Trocknen kann der Vorgang mit einer weiteren Farbe wiederholt werden. Immer mit der hellsten Farbe beginnen.

Wachsmotive fixieren

▸ Die ausgeschnittenen Wachsplattenmotive mit Handwärme auf der Kerze anbringen.

▸ Bei der Verarbeitung ist die Raumtemperatur von großer Bedeutung. Bei Kälte haftet das Wachs nicht auf der Kerze und bei zuviel Wärme klebt es an den Händen.

▸ Das Schutzpapier, das jede Wachsplatte auf der Rückseite hat, erst nach dem Ausschneiden entfernen.

▸ Schmale Wachsstreifen zunächst paarweise abtrennen und dann in einzelne Schnüre teilen um eine Überdehnung zu verhindern.

IHRE GRUNDAUSSTATTUNG KERZEN

Diese Hilfsmittel werden häufig verwendet, Sie sollten Sie zur Hand haben, denn sie werden in den Materiallisten nicht gesondert aufgeführt.

- Cutter mit Schneideunterlage
- Nadel
- Lineal
- Fotokarton oder stärkeres Papier
- Selbstklebefolie
- Bleistift
- Transparentpapier
- verschiedene Pinsel
- Schere
- Küchenschwamm
- Stickerschriftzüge, Buchstaben und Zahlen aus Wachs (Kerzen beschriften)

TISCHDEKO UND KARTEN

Auf den folgenden Seiten zeigen wir Ihnen kreative Vorschläge für Karten und Tischdekorationen zur Kommunion und Konfirmation. Wenn Sie die Beschriftungen, Stempel oder Farben abändern, können Sie jede Idee an Ihre individuellen Wünsche anpassen.

Frisch in Flieder-Weiß

→ Einladung, Tischkarte, Danksagung und Album

Einladung

1 Den Kartenzuschnitt, 14,8 cm x 18 cm, aus fliederfarbenem Karton fertigen und die kurze Seite 7,5 cm zur Mitte falten, so dass die Grundkarte das Format A6 hoch hat.

2 Die Schablone für den Bogen nach Vorlage aus Laternenfolie fertigen. Damit die Kontur auf die Vorderseite der Karte prägen und den überstehenden Rand abschneiden. In ein gelbes Kartonstück, 2,5 cm x 14,8 cm, die Kontur prägen, in die Karte kleben und entlang der Kontur ausschneiden.

3 Auf weißen Karton, 14,8 cm x 5 cm, den geblümten Hintergrund prägen und hinter den gelben Rand kleben.

4 Den Schriftzug auf weißen Karton stempeln, fliederfarben embossen, nach Muster B, Seite 5, zuschneiden und mit fliederfarbenem Karton hinterkleben. Mittig auf die Karte kleben.

5 Die Blume prägen, ausschneiden und in der Ecke links unten platzieren.

Danksagung

Die Danksagungskarte wie die Einladung fertigen, nur mit anderen Stempeln. Auch die verwendete Prägeplatte ist eine andere, weniger aufwändige. „Danke" direkt auf die Karte stempeln und fliederfarben embossen.

Tischkarte

1 Den Kartenzuschnitt, 7,5 cm x 13,2 cm, aus fliederfarbenem Karton ausschneiden und falzen.

2 Den Kelch auf weißen Karton stempeln, fliederfarben embossen, entlang der Kontur ausschneiden und links auf der Karte platzieren.

3 Den Schriftzug auf gelben Karton schreiben und nach Muster A, Seite 5, zuschneiden. Mit weißem Karton hinterkleben und auf der Tischkarte fixieren.

MATERIAL FÜR ALLE KARTEN
- Künstlerkarton in Flieder, Gelb und Weiß
- Stempelkissen in Farblos
- Embossingpulver in Flieder
- Laternenfolie, 10 cm x 14,8 cm

ZUSÄTZLICH EINLADUNG
- Stempel „Meine Eltern und ich..."
- Prägeplatte „Expression"
- Prägeschablone „Blume", ø 3 cm

ZUSÄTZLICH DANKSAGUNG
- Stempel „Kelch"
- Stempel „Danke"
- Prägeschablone „Hintergrund"

ZUSÄTZLICH TISCHKARTE
- Stempel „Kelch"
- feiner Faserschreiber in Violett

ZUSÄTZLICH ALBUM
- Laternenfolie, A4
- Foto des Kommunionkindes, 10 cm x 15 cm
- Fotoalbum, A4 quer
- evtl. feiner Faserschreiber in Violett

VORLAGEN SEITE 72+73

WEITERFÜHRUNG

Frisch in Flieder-Weiß

Album

1 Das Deckblatt in Flieder in der Größe des Albums fertigen, hier also A4.

2 Den Zuschnitt in Weiß, 21 cm (Höhe des Albums) x 6,7 cm mit der selbst gefertigten Schablone (siehe Anleitung Seite 5) prägen. Entlang der Längslinien Wellenlinien prägen und entlang dieser Linien ausschneiden.

3 Das Foto auf gelben Karton, 10,6 cm x 15,6 cm, kleben. In den Rand eine gerade Kontur prägen. Das Foto auf dem Deckblatt fixieren.

4 Nach Belieben weitere Motive ins Deckblatt sowie einen Rahmen in Form einer Wellenlinie prägen.

5 Mit dem PC oder von Hand Name und Anlass auf weißen Karton schreiben, nach Muster A, Seite 5 ausschneiden und gelb hinterkleben. Das Schild und den geprägten weißen Karton auf dem Deckblatt fixieren.

6 Zum Schluss das Deckblatt auf das Album kleben.

Das Symbol Fisch

→ gemeinsam mit Jesus auf den Weg

Blumendeko

1 Für diese Tischdekoration Metallgefäße in Form eines kleinen Schiffchens verwenden.

2 Zuerst die Schiffchenform mit gewässerter Frischblumen-Steckmasse ausfüllen. Mit einer Lysianthus-Blüte, etwas außerhalb der Mitte, die Höhe festlegen. Die übrigen Lysianthus-Blüten versetzt nach unten einarbeiten. Kornblumen in der Höhe versetzt einstecken.

3 Am Fuß des Gesteckes mit blauen Hortensien oder Rittersporn, dem Gärtnerschreck und den Spindelstrauchblättern die noch sichtbare Blumensteckmasse abdecken.

Menükarte

1 Den A4 großen Tonkarton in der Mitte falzen. Einen Streifen blauen Prägekarton in der Größe 21 cm x 7 cm zuschneiden.

2 Die Fischchen von der Vorlage abnehmen, auf blaugrünen Regenbogenkarton übertragen, ausschneiden und mit dem Haftkleber und der Folie gestalten. Dazu etwas Haftkleber auf ein Stück Karton oder Alufolie geben und mit einem feinen Pinsel den Kleber auf den gewünschten Karton auftragen. Trocknen lassen, bis der Kleber transparent ist. Die Folie mit der glänzenden Seite nach oben auflegen und fest andrücken, dann die Folie ruckartig abziehen.

3 Die Fische auf den Prägekarton kleben, nach der Abbildung auf der Menükarte anbringen. In den Prägekarton sind kleine Punkte eingeprägt, einige dieser Punkte mit der Folie versehen (Luftblasen-ähnlich).

4 Den Menüstempel gemäß der Abbildung aufstempeln.

5 Einen kleinen Fisch, der sich auf der Kartenrückseite befindet, ebenfalls mit silbernen Luftblasen anbringen.

Einladungskarte

1 Doppelkarte mit einem Streifen Prägekarton in der Größe 17 cm x 7 cm bekleben. Die Fische wie bei Menükarte beschrieben arbeiten und aufkleben.

2 Stempel aufbringen.

MATERIAL BLUMENDEKO

- Metallsteckschale in Schiffform
- Frischblumen-Steckmasse
- Lysianthus-Blüten
- Gärtnerschreck/Ornitogalum
- Hortensien oder Rittersporn in Blau
- Kornblumen
- Spindelstrauch/Euonimus

MENÜKARTE

- Tonkarton in Weiß, 220 g/m2, A4
- Regenbogenkarton, 50 cm x 70 cm
- Prägekarton in Blau, 50 cm x 70 cm
- Haftkleber
- Hologramm Metallik-Effekt-Folie in Silber
- Stempel „Menü“
- Stempelkissen in Dunkelblau
- Embossingpulver in Farblos

EINLADUNGSKARTE

Material wie Menükarte, zusätzlich:

- Doppelkarte in Weiß, B 6
- Stempel „Wir feiern Kommunion“

VORLAGE SEITE 76

WEITERFÜHRUNG

Das Symbol Fisch

Dankeskarte

1 Den Fisch zweifach von der Vorlage auf Regenbogenkarton übertragen. Ein Fischteil mit dem Haftkleber (siehe Seite 11) und der Folie gestalten.

2 Den Danke-Text auf Tonpapier drucken und nach der Vorlage ausschneiden.

3 Auf den zweiten Fisch den gefalteten Text aufkleben.

4 Die Fische an dem markierten Punkt lochen und mit einer Musterbeutel-Klammer zusammenfügen.

Serviettenring

1 Den Fisch für die Serviettenringe von der Vorlage auf Regenbogenkarton übertragen, mit dem Haftkleber und der Folie (siehe Seite 11) versehen.

2 Vom Prägekarton einen 17 cm x 2,5 cm breiten Streifen schneiden. Mit einem Bürohefter zum Ring schließen und den Fisch aufkleben.

3 Den Fisch im unteren Bereich mit Namen beschriften. Die Serviette leicht rollen und in den Serviettenring schieben.

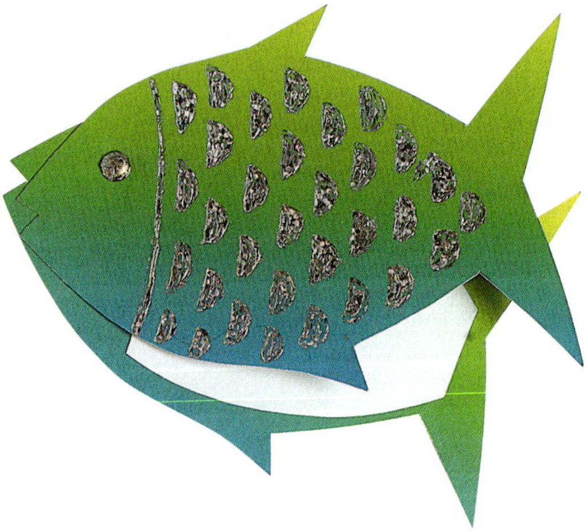

MATERIAL DANKESKARTE

Material wie Menükarte, zusätzlich:

- Tonpapier in Weiß, A4
- Musterbeutelklammer

SERVIETTEN-RING

- Prägekarton in Blau, 50 cm x 70 cm
- Regenbogenkarton, 50 cm x 70 cm
- Haftkleber
- Hologramm Metallik-Effekt-Folie in Silber
- Gelstift in Schwarz
- Bürohefter

VORLAGE SEITE 76

Menü
WIR FEIERN KOMMUNION

Die Rose

→ ein Symbol im Zeichen der Liebe

MATERIAL ROSENKRANZ
- Frischblumen-Steckschaum-kranz, ø 25 cm
- Rosen in verschiedenen Größen und Farbabstufungen
- Frauenmantel/Alchemilla
- Efeuranken
- Schneeballfrüchte oder Hypericum
- Buchsbaum
- Schnittblumen-Frischmittel

GASTGESCHENK
- Faserseide in Zartrosa, 50 cm x 70 cm
- Miniröschen aus Papier
- Papierdraht in Rosa, 50 cm lang
- Myrtengirlande, 20 cm lang
- Bonbons oder kleine Pralinen

SERVIETTE
- Organzaband in Bordeaux, 10 cm breit, 50 cm lang
- Doppelsatinband in Altrosa, 6 mm breit, 50 cm lang
- Transparentpapier in Hellblau mit Ranken, 4,5 cm x 6 cm
- Rosenzweig mit Blättern

EINLADUNGS-, MENÜ- UND DANKESKARTEN
- Tonkarton in Weiß, 220 g/m², A4
- Tonkarton in Rosa, 220 g/m², A4
- Tonkarton mit Rosenmuster in Rosa, A4
- Maulbeerpapier in Rosa, 55 cm x 40 cm
- Mossgummi, 2 mm stark, 40 cm x 30 cm
- Spachtel
- Dekorpaste
- Wellenschere
- Doppelsatinband in Altrosa, 6 mm breit, 1 x 60 cm (für die Menükarte) und 1 x 50 cm (für die Einladungskarte)
- Doppelsatinband in Zartrosa, 3 mm breit, 1 x 60 cm (für die Menükarte) und 1 x 50 cm (für die Einladungskarte)
- Stempel „Menü" bzw. „Einladung"
- Stempelkissen in Altrosa
- Embossingpulver in Farblos

VORLAGE SEITE 74

Rosenkranz

1 Damit die Blumen länger frisch bleiben, vor dem Gestalten der Tischdekoration alle Blumen schräg mit einem Messer anschneiden und mit Schnittblumen-Frischmittel im Wasser wässern.

2 Den Steckschaumkranz ebenfalls, mit der oberen Seite nach unten, in mit Frischmittel versehenes Wasser einlegen. Die Steckmasse nicht mit Gewalt untertauchen, sondern nur auf das Wasser legen und von selbst vollsaugen lassen.

3 Um den gewässerten Kranz Efeuranken und Buchsbaum zum Bedecken der Steckmasse einstecken.

4 Die Rosen nun kurz schräg anschneiden und dekorativ verteilt einstecken. Die restlichen Pflanzen und das Grün zwischen den Rosenköpfen einarbeiten. Eventuell Lücken mit Buchs oder Efeublätter zustecken.

Gastgeschenk

1 Aus der Faserseide einen Kreis von 20 cm Durchmesser mit der Wellenschere zuschneiden, mit Bonbons oder kleinen Pralinen füllen und mit dem Papierdraht verschließen. Den Papierdraht über einen Bleistift zur Spirale drehen.

2 Die Myrtengirlande zu einem kleinen Kränzchen winden, um das Beutelchen legen und mit den Röschen verzieren.

3 Mit einer Wellenschere ein Schildchen zuschneiden, beschriften und mit der Lochzange lochen. Auf den Papierdraht auffädeln.

Serviette

Serviette mit den Bändchen zusammenfassen und einen kleinen Rosenzweig einfügen.

Menü
Oliver
Einladung zur 1. Heiligen Kommunion

Die Rose

Plastische Rosen

1 Um die Rosenverzierung auf den Karten herzustellen, die Rose von der Vorlage auf das Moosgummi übertragen und mit einem Cutter ausschneiden.

2 Das Maulbeerpapier für die Menükarte auf die Größe 21 cm x 10 cm, für die Einladungskarte und Dankeskarte auf die Größe 14,8 cm x 7 cm zuschneiden. Die seitlichen Ränder werden mit der Wellenschere geschnitten.

3 Die Rosenschablone auf das Maulbeerpapier legen, mit dem Spachtel die Dekorpaste in das ausgeschnittene Motiv streichen. Die Schablone vorsichtig abheben. Die so aufgebrachte Rose trocknen lassen.

Menükarte

1 Den A4-Karton in der Mitte falzen.

2 Nun den Karton mit Rosenmotiv auf die Größe 21 cm x 4 cm zuschneiden. Die rechte Seite mit der Wellenschere gestalten.

3 Den Stempel „Menü" auf einen mit der Wellenschere verzierten Zuschnitt in der Größe 7 cm x 5 cm aufstempeln.

4 Alle vorbereiteten Teile gemäß der Abbildung zusammenfügen und mit den beiden Bändern von je 60 cm Länge einbinden.

Dankeskarte

1 A4-Karton in der Mitte teilen und falzen.

2 Einen Streifen Tonkarton auf das Maß 14,8 cm x 7 cm zuschneiden und beschriften.

3 Die vorbereiten Teile auf der Karte montieren.

Einladungkarte

1 Den A4-Karton in der Mitte teilen, diesen Zuschnitt in der Mitte falzen.

2 Einen 14,8 cm x 3 cm großen Streifen vom Karton mit Rosenmotiv schneiden und die rechte Seite mit der Wellenschere verzieren.

3 Auf ein mit der Wellenschere verziertes Kartonstückchen von 6 cm x 4 cm Größe den Einladungsstempel aufbringen.

4 Alle Teile zusammenfügen und mit den je 50 cm langen Bändern verzieren.

Das Symbol Regenbogen

→ ein Zeichen des Bundes zwischen Gott und der Erde

Blumendeko

1 Fünf Holzstücke in der Größe 5,5 cm x 2,6 cm x 16 cm sägen oder in einem Baumarkt sägen lassen. Etwas mit Schmirgelpapier abschleifen.

2 Nach der Zeichnung auf der Vorlage die Bohrungen von ø 5,5 mm anbringen.

3 Die Holzteile mit weißer Acrylfarbe streichen.

4 Mit zwei Rundholzstäben von ca. 50 cm Länge die Holzklötzchen und die Reagenzgläschen auffädeln. Die Rundholzstäbe passend kürzen.

5 Die Reagenzgläser mit Wasser befüllen, die Blüten nach Wunsch einstellen.

6 In ein außen hängendes Glas Bärgras, in Form eines über die Blüten laufenden Bogens, geben.

Tipp: **Sollten Sie im Baumarkt nur Holz mit etwas anderen Maßen bekommen, so können Sie dieses natürlich ebenfalls verwenden.**

Serviettendeko

Die Servietten falten, mit Blüten verzieren und beschriftete Sonnen oder Regenbogenteile auflegen.

Menükarte

1 Tonkarton in der Mitte falzen.

2 Den Menüstempel abwechselnd mit einem roten, gelben und blauen Stempelkissen benetzen und aufstempeln, farbloses Embossingpulver verwenden.

3 Vom Wolkenkarton einen Streifen von 18 cm x 5 cm schneiden.

4 Die Sonne von der Vorlage auf Regenbogenkarton übertragen und ausschneiden.

5 Für das Regenbogenteil den Zirkel mit einem Radius von 30 mm einstellen, auf dem Regenbogenkarton im blauen Farbteil einen Kreis schlagen, den Zirkel 5 mm weiter stellen und an der gleichen Einstichstelle einen weiteren Kreis schlagen. Mit dieser Zirkeleinstellung einen Kreis im violetten Farbbereich aufzeichnen, den Zirkel auf 40 mm einstellen und den violetten Farbkreis fertig stellen. Auf diese Art fortfahren, bis die Regenbogenteile wie auf der Abbildung gezeigt fertig aufgezeichnet sind.

6 Mit einer Silhouettenschere exakt ausschneiden und auf einen Tonkarton montieren.

7 Aus diesem Regenbogenkreis ein Segment herausschneiden, das übrige Teil für weiter Karten oder die Namenschildchen auf den Servietten verwenden.

8 Sonne und Regenbogenteil auf den Wolkenkarton montieren und auf die Karte kleben.

Einladungskarte

1 Tonkarton auf die Maße 24 cm x 17 cm zuschneiden.

2 Den Wolkenkarton 9,5 cm x 5 cm groß zuschneiden.

3 Die Karte mit dem Stempel wie bei der Menükarte gestalten.

4 Den Regenbogen wie bei der Menükarte beschrieben anfertigen, allerdings muss die erste Zirkeleinstellung 25 mm sein.

5 Ein Drittel von diesem Regenbogenkreis zusammen mit dem Wolkenkarton auf die Karte montieren.

Tipp: **Zu dieser Tischdekoration passen hervorragend Votivkerzen in Gelb in passenden Kerzengläsern.**

Dankeskarte

1 Für die Karten den Tonkarton 24 cm x 17 cm groß zuschneiden und falzen.

2 Den Stempel wie bei der Menükarte beschrieben aufbringen.

3 Den Wolkenkarton auf die Maße 7 cm x 5 cm zuschneiden.

4 Die Sonne aus Regenbogenkarton anfertigen.

5 Die grünen Elemente auf hell- und dunkelgrünes Maulbeerpapier übertragen, ausschneiden und alles auf der Karte montieren.

WEITERFÜHRUNG

Das Symbol Regenbogen

MATERIAL BLUMENDEKO

- 5 Holzstücke, 5,5 cm x 2,6 cm x 16 cm
- 2 Rundholzstäbe, ø 5 mm, ca. 50 cm lang
- Acrylfarbe in Weiß
- Reagenzgläser mit Löchern
- Schmirgelpapier
- Rittersporn
- Santini in Grün
- Rosen
- Gerbera
- Bärgras
- Borstenpinsel
- ggf. Säge/Bohrmaschine

SERVIETTEN-DEKO

Material für Sonne und Regenbogen bei Materialangabe Menükarte

MENÜKARTE

- Tonkarton in Weiß, 220 g/m2, A4 und Rest
- Wolkenkarton
- Regenbogen-Tonkarton
- Stempel „Menü“
- Stempelkissen in Rot, in Gelb und in Blau
- Embossingpulver in Farblos
- Zirkel

EINLADUNGS-KARTE

Material wie Menükarte, zusätzlich:

- Stempel „Einladung zur 1. Heiligen Kommunion“

DANKES-KARTE

Material wie Menükarte, zusätzlich:

- Maulbeerpapier in Hellgrün und Dunkelgrün
- Stempel „Danke“

VORLAGE SEITE 74+75

Menü
Einladung
Kommunion

Edel in Creme-Orange

→ Einladung, Menü- und Tischkarte

MATERIAL FÜR ALLE KARTEN

- Künstlerkarton in Orange und Creme
- Stempelkissen in Farblos
- Embossingpulver in Weiß

ZUSÄTZLICH EINLADUNG

- Stempel „Bibel – Kelch – Ähre"
- Papier in Creme, 80 g/m², 21 cm x 14,8 cm (A5, Einlegeblatt)
- Bortenlocher „Diamonds"

ZUSÄTZLICH MENÜKARTE

- Stempel „Menü"
- Papier in Creme, 80 g/m², 21 cm x 14,8 cm (A5, Einlegeblatt)
- Bortenlocher „Diamonds"

ZUSÄTZLICH TISCHKARTE

- Embossingstift in Farblos
- Embossingpulver in Orange

Einladung

1 Die Karte, 14,8 cm x 21 cm (A5), in Orange zuschneiden und mittig falzen.

2 Auf der Kartenvorderseite die lange Seite mit dem Bortenlocher gestalten und den Rand mit einem Kartonstreifen in Creme, 14,8 cm x 3,5 cm, hinterkleben.

3 Das Motiv auf orangefarbenen Karton stempeln, embossen und gemäß Muster A, Seite 5, zuschneiden. Mit cremefarbenem Karton hinterkleben und mit Abstandspads mittig auf der Karte platzieren.

Menükarte

Die Menükarte wie die Einladung arbeiten, jedoch im Querformat.

Tischkarte

1 Den Tischkartenzuschnitt, 13,3 cm x 10 cm, auf orangefarbenen Karton übertragen, ausschneiden und mittig falzen. Auf die Vorderseite einen cremefarbenen Streifen, 2,4 cm x 10 cm, kleben.

2 Den Namen des Gastes mit dem Embossingstift auf cremefarbenen Karton schreiben, orangefarben embossen, gemäß Muster A, Seite 5, zuschneiden, mit Karton in Orange hinterkleben und mit Abstandspads auf die Tischkarte kleben.

Tipp: **Als Blumen machen sich hierzu orangefarbene Gerbera oder champagnerfarbene Rosen sehr gut. Dazu champagnerfarbene Servietten in Form einer Seerose falten, auf deren Mitte eine einzelne Gerbera (ohne Stiel) oder eine Praline platziert wird.**

Menü
Anna-Lena

Gelb-Weiß mit Rot

→ Einladung, Menü- und Tischkarte, Album und Danksagung

MATERIAL FÜR ALLE KARTEN

- Künstlerkarton in Rot, Weiß und Gelb
- Prägeschablone „Hintergrund"
- Stempelkissen in Farblos
- Embossingpulver in Rot

ZUSÄTZLICH EINLADUNG

- Stempel „Einladung zu meiner Kommunion"

ZUSÄTZLICH DANKSAGUNG

- Stempel „Herzlichen Dank ..."

ZUSÄTZLICH MENÜKARTE

- Stempel „Kreuz"

ZUSÄTZLICH TISCHKARTE

- Stempel „Kreuz"
- Embossingstift in Farblos

ZUSÄTZLICH ALBUM

- geprägter Karton „Primavera" in Weiß, A4
- Künstlerkarton in Orange
- Stempel „Fisch"
- Embossingpulver in Weiß
- Foto des Kommunionkindes, 10 cm x 15 cm
- evtl. feiner Faserschreiber in Rot
- Fotoalbum, A4 quer

Einladung

1 Den Kartenzuschnitt in Gelb, 15,75 cm x 14,8 cm, so falzen, dass die Vorderseite bis zur Mitte der Kartenrückseite reicht (etwa 5,25 cm zur Mitte falzen).

2 Am Rand der Vorderseite eine Linie prägen und weißen Karton, 6 cm x 14,8 cm, hinter diesen Rand kleben.

3 Den Schriftzug auf gelben Karton stempeln und rot embossen, nach Muster A, Seite 5, ausschneiden und versetzt mit einem gleich großen Stück roten Karton hinterkleben. Mit Abstandspads auf der Karte fixieren.

Danksagung

Die Danksagung (Abb. unten) wie die Einladung arbeiten, allerdings mit vertauschten Grundfarben und anderem Textstempel.

Menükarte

1 Den Kartenzuschnitt in Weiß, 15,75 cm x 14,8 cm, so falzen, dass die Vorderseite bis zur Mitte der Kartenrückseite reicht (etwa 5,25 cm zur Mitte falzen).

2 Gelben Karton, 6 cm x 14,8 cm, im Linienmuster prägen und hinter den Rand der Grundkarte kleben.

3 Das Kreuz auf gelben Karton stempeln, rot embossen und ausschneiden. Das Kreuz mit Klebepads auf ein größeres Stück roten Karton kleben und mit einer Zugabe von ca. 2 mm an allen Seiten ausschneiden. Mit Abstandspads mittig auf der Karte fixieren.

Tischkarte

1 Einen Streifen in Weiß, 4,5 cm x 11 cm, mit einem Streifen in Gelb, 5,5 cm x 11 cm, an den Längsseiten hinterkleben und wie abgebildet mittig falzen.

2 Das Kreuz auf gelben Karton stempeln, rot embossen, ausschneiden und auf den weißen Teil der Karte kleben.

3 Den Namen des Gastes mit dem Embossingstift auf gelben Karton schreiben, rot embossen, nach Muster A, Seite 5, zuschneiden und weiß hinterkleben. Auf die Karte kleben.

Album

1 Das Foto an den Ecken abrunden und mittig auf roten Karton, 11,4 cm x 16,4 cm, kleben. Den roten Karton ebenfalls an den Ecken abrunden. Den roten Karton auf gelben Karton, 12,8 cm x 17,8 cm, kleben, wieder die Ecken abrunden und auf der rechten Hälfte des Primavera-Kartons befestigen.

2 Je einen Fisch auf roten, gelben und orangefarbenen Karton stempeln, weiß embossen und ausschneiden.

3 Das Datum der Kommunion mit dem PC oder von Hand auf gelben Karton schreiben, gemäß Muster A, Seite 5, ausschneiden und mit rotem Karton hinterkleben. Ebenso ein Schild mit Namen und Anlass fertigen und mit orangefarbenen Karton hinterkleben. Dieser Karton in Orange dient als Schablone für einen Zuschnitt in Rot, der schräg hinter den orangefarbenen Karton geklebt wird.

4 Alle Teile wie abgebildet auf dem Deckblatt fixieren.

5 Zum Schluss das Deckblatt auf das Album kleben.

Tipp: Je bunter die Karten, desto unaufdringlicher die Tischdeko. Hierzu sehen schlichte Rosen sehr schön aus, aber auch einfaches Efeu ist sehr aussagekräftig.

Türkis mit Wellen

→ Einladung, Menükarte und Danksagung

MATERIAL FÜR ALLE KARTEN

- Künstlerkarton in Weiß und Türkis
- Stempelkissen in Farblos
- Embossingpulver in Weiß

ZUSÄTZLICH EINLADUNG

- Stempel „Einladung zu meiner Kommunion"
- Prägeschablone „Hintergrund"

ZUSÄTZLICH MENÜKARTE

- Stempel „Regenbogen mit Fisch"
- Prägeschablone „Hintergrund"

ZUSÄTZLICH DANKSAGUNG

- Stempel „Herzlichen Dank für Ihre Aufmerksamkeit"
- Prägeschablone „Hintergrund"

VORLAGE SEITE 68

Einladung

1 Den Kartenzuschnitt in Weiß, 21 cm x 14,8 cm (A5), mittig falzen.

2 Einmal längs und einmal quer eine Wellenlinie auf die Vorderseite prägen (mit ca. 4 cm Abstand zum linken und unteren Rand der Karte).

3 Den Schriftzug auf türkisfarbenen Karton stempeln, weiß embossen, gemäß Muster A, Seite 5, zuschneiden und mit weißem Karton hinterkleben. Mit Abstandspads auf der Karte fixieren.

Menükarte

Die Menükarte wie die Einladung arbeiten, allerdings ist die Grundkarte hier türkis.

Danksagung

1 Den Kartenzuschnitt, 21 cm x 14,8 cm (A5), aus türkisfarbenem Karton fertigen und mittig falzen.

2 Auf der Vorderseite von links oben nach schräg unten die gewellte Linie prägen und entlang der Kontur den überstehenden Karton wegschneiden.

3 Weißen Karton, 10,5 cm x 14,8 cm, hinter die geprägte Kontur kleben.

4 Das Dreieck auf weißen Karton übertragen und ausschneiden. Den Schriftzug auf türkisfarbenen Karton stempeln und gemäß Schritt 1, Muster A, Seite 5, zuschneiden. Wie abgebildet auf das weiße Dreieck kleben und mit Abstandspads auf der Karte fixieren.

Tipp: Den abgeschnittenen Rest von der Kartenvorderseite können Sie zum Bestempeln weiter verwenden. Zu dieser Menükarte passen Blumen in Kontrastfarben, z.B. gelbe oder orangefarbene Gerbera.

Denn durch den Glauben seid ihr alle Gottes Kinder in Jesus Christus.
Gal 3,26
Einladung zu meiner Kommunion
Herzlichen Dank für Ihre Aufmerksamkeit

Fische mal anders

→ Einladung, Tischkarte und Danksagung

MATERIAL FÜR ALLE KARTEN

- Künstlerkarton in Weiß, Gelb, Orange, Rosa und Flieder
- Papier in Flieder und Pink, 80 g/m² (Einlegeblatt)
- Prägeschablone „Hintergrund“
- Stempelkissen in Farblos
- Embossingpulver in Weiß und Flieder
- Stempel „Fisch“

ZUSÄTZLICH EINLADUNG

- Stempel „Einladung“

ZUSÄTZLICH DANKSAGUNG

- Stempel „Danke“

ZUSÄTZLICH TISCHKARTE

- feiner Faserschreiber in Violett

Einladung und Danksagung

1 Den Kartenzuschnitt, 22 cm x 14,8 cm, aus weißem Karton fertigen und die kurzen Seiten des Papiers zur Mitte falten, so dass die Seiten sich um ca. 1 cm überlappen. Die kurzen Seiten mit der Prägeschablone nach Belieben im Wellenmuster prägen und den überstehenden Rand wegschneiden.

2 Fische auf das farbige Papier stempeln, weiß embossen, entlang der Außenkontur ausschneiden und mit Abstandspads auf die Karte kleben.

3 Den Schriftzug auf weißen Karton stempeln und in Flieder embossen. Nach Muster B, Seite 5, zuschneiden und zusammen mit den Fischen wie abgebildet auf die Karte kleben.

4 Aus farbigem Papier ein Einlegeblatt, ca. 14,8 cm x 10,4 cm, zuschneiden und in die Karte legen.

Tipp: Lassen Sie den Text für die Danksagung vom Kommunionskind schreiben und kopieren Sie sie anschließend auf passendes Papier. Das wirkt noch persönlicher, als wenn das Kind die Danksagung nur einfach unterschreiben würde.

Tischkarte

1 Kartenzuschnitt, 10 cm x 10 cm, aus weißem Karton fertigen und mittig falzen. Einige Wellen prägen.

2 Fische auf farbiges Papier stempeln und weiß embossen.

3 Den Namen des Gastes auf weißen Karton schreiben und nach Muster B, Seite 5, zuschneiden. Neben den Fischen auf der Karte fixieren.

Tipp: Bei diesem Kartenensemble haben Sie fast die freie Wahl des Blumenschmuckes. Hier passen alle Farben, die sich auch in den Karten wiederfinden.

Einladung
Marianne
Danke

Trendige Filzblüten

→ Dekoration in Pink und Grün

MATERIAL EINLADUNGSKARTE

- Fotokarton in Hellgrün, 15 cm x 30 cm
- Tonpapier in Altrosa, 13 cm x 13,5 cm
- Tonpapier in Pink, 13 cm x 12 cm
- Bastelfilz in Hellgrün, 45 cm x 10 cm
- Bastelfilz in Pink, 8 cm x 8 cm
- Organzaband in Weiß, 3,5 cm breit, 15 cm lang
- beidseitig klebender Sticker „Einladung zu meiner Konfirmation“
- Rub-Off Folie in Silber

MENÜKARTE

alles wie Einladungskarte außer:

- Tonpapier in Altrosa, 12,5 cm x 12,5 cm
- Tonpapier in Pink, 11,5 cm x 11,5 cm
- bedruckbares Transparentpapier in Hellgrün, A4
- Organzaband in Weiß, 3,5 cm breit, 13 cm lang
- 3 beidseitig klebende Sticker „Menü“
- doppelseitiges Klebeband
- hohes Glas

TISCHKARTENHALTER

- Tonpapier in Altrosa und Pink, 8 cm x 5 cm
- Bastelfilz in Hellgrün, 10 cm x 10 cm
- Bastelfilz in Pink, 8 cm x 8 cm
- Kartenhalter mit Metallclip in Silber, 15 cm hoch
- lufttrocknende, extraleichte Modelliermasse in Weiß, 30 Gramm
- spitzes Messer
- Acrylfarbe in Hellgrün
- feiner Lackstift in Silber
- Heißklebepistole

ORGANZABEUTEL

- Organzabeutel in Pink, 11 cm x 9 cm
- Bastelfilz in Hellgrün, 1 cm breit, 20 cm lang
- Bastelfilz in Pink und Grün, 5 cm x 5 cm
- Tonpapierreste in Altrosa und Hellgrün
- feiner Lackstift in Silber

VORLAGE SEITE 70

Einladungskarte

1 Den Fotokarton und die Tonpapiere zuschneiden und die Karte in der Mitte falzen. Nun das pinkfarbene Tonpapier auf das altrosafarbene Papier kleben, so dass ein gleichmäßiger Rand entsteht, und beide auf die hellgrüne Karte kleben.

2 Den beidseitig klebenden Schriftzug in der Mitte der Karte aufkleben und die Rub-Off Folie so auflegen, dass die silberfarbene Seite nach oben zeigt. Leicht andrücken und abziehen. Sollte der Schriftzug noch nicht vollständig bedeckt sein, diesen Vorgang wiederholen. Das Organzaband über den Schriftzug legen und an beiden Seiten vorsichtig festkleben.

3 Aus dem Filz ein Band von 45 cm x 1 cm schneiden. Die Blüten und das Blatt nach Vorlage anfertigen. Das Band nun um die Karte herum legen und durch die Schlitze in der Blüte ziehen. Das Blatt einschneiden und etwas überlappend zusammenkleben, so dass eine schöne Blattoptik entsteht. Das Blatt unterhalb des Filzbandes am unteren Rand des Organzabandes auf die Karte kleben.

Menükarte

1 Das Tonpapier in Altrosa und das pinkfarbene Tonpapier zuschneiden. Beide Papiere aufeinander kleben und den Schriftzug und das Organzaband wie bei der Einladungskarte beschrieben anbringen.

2 Das grüne Transparentpapier mit der Menüfolge bedrucken oder beschriften, zusammenrollen und in das Glas stecken. Das Tonpapier mit dem Schriftzug zwischen Glas und Transparentpapier stecken.

3 Die Filzteile wie bei der Einladungskarte beschrieben anfertigen, jedoch um das Glas herum anordnen. Dazu das Filzband mit etwas doppelseitigem Klebeband am Glas befestigen und das Blatt am Band festkleben.

Menü Menü
Hanna
Paul
Einladung zu meiner
Konfirmation
Danke

WEITERFÜHRUNG

Trendige Filzblüten

Tischkartenhalter

1 Das Blatt aus der Modelliermasse nach Vorlage ca. 2 cm hoch formen und die Oberfläche mit angefeuchteten Fingern etwas glätten. Mit dem spitzen Messer eine Blattmittellinie und einige Blattadern einritzen und mit dem Kartenhalter mittig ein Loch stechen. Vollständig austrocknen lassen und danach mit Acrylfarbe bemalen.

2 Die Filzblüten ausschneiden. Die Blütenmitte in Pink aufkleben. Nun die Blätter aus Tonpapier ausschneiden, aufeinander kleben und mit dem silbernen Stift beschriften.

3 Zuletzt den Metallclip mit einer Heißklebepistole in das vorbereitete Loch des modellierten Blattes einkleben. Mit dem Clip die Blüten und die Blätter einklemmen.

Organzabeutel mit Blüten

1 Das Filzband (1 cm x 20 cm) zuschneiden. Die kleinen Filzblüten nach Vorlage ausschneiden und die Blütenmitten aufkleben.

2 Zwei kleine Blätter aus Tonpapier nach Vorlage ausschneiden, lochen, beschriften und auf das grüne Filzband aufziehen.

3 Die kleinen Blüten auf die Satinbänder am Säckchen kleben und das Filzband nach dem Befüllen um das Säckchen binden.

Tipp: Es sieht sehr dekorativ aus, wenn Sie die kleinen Organzabeutelchen mit weißen kandierten Mandeln und etwas Organzabandresten oder Tüll befüllen.

Sonniges Orange-Gelb

→ frühlingsfrisch

Einladungskarten

1 Auf weißem Papier am rechten Rand den Schriftzug zweimal drucken.

2 Das Papier mit Cutter und Lineal in zwei Hälften teilen, zu zwei Klappkarten falzen und am rechten Rand mit einer Zierrandschere ca. 5 mm abschneiden (evtl. mit Bleistift vorzeichnen).

3 Das gelbe Transparentpapier teilen und falzen und um die Karten legen.

4 Die kleinen und die großen Blüten aus orangefarbenem Transparentpapier mit Motivlocher lochen, die mittlere Blüte aus gelbem Transparentpapier gemäß Vorlage ausschneiden.

5 Blüten übereinander kleben, Strass-Stein aufsetzen und Satinband anbringen.

6 Das Innenblatt bedrucken (A4 quer, 2 Karten übereinander), teilen und einschieben.

Tipp: Den Schriftzug können Sie auch mit einem gelben Gel-Stift anbringen.

MENÜ
Nadine

WEITERFÜHRUNG

Sonniges Orange-Gelb

Menükarte

1 Ähnlich wie die Einladungskarte gestalten.

2 Den Plombendraht zu einem V biegen, an den Enden je eine Perle ankleben.

3 Schmetterling jeweils aus gelbem und orangefarbenem Transparentpapier ausschneiden, am „Körper" übereinander kleben, dabei den Draht („Fühler") mit einkleben und beide Flügel des oberen Schmetterlings leicht nach oben falten.

Give-away

1 Je einen Kreis mit dem Phantomstift und einem passenden Teller (oder Kartonkreis) auf den Organzastoffen anzeichnen und ausschneiden.

2 Beutel füllen, zusammenraffen und mit Satinband zubinden.

3 Blüten lochen bzw. ausschneiden und übereinander kleben, Strass-Stein aufsetzen und den Draht dahinter kleben, dann in den Beutel einstecken.

Tipp: Sie können das Give-away auch als Tischkarte verwenden. Dafür einfach ein Namensschild ausschneiden, beschriften und an die Enden des Satinbands kleben.

Blume mit Kroko-Klammer

1 Gießteil gemäß Herstellerhinweisen und der Anleitung auf Seite 6 anfertigen.

2 Organza-Band zu einer Schleife legen, mit dem Satinband verknoten und damit am Draht festbinden.

3 Schmetterling ausschneiden, mit Strass-Steinen verzieren, beschriften und anklemmen.

Tipp: Die Blume mit Kroko-Klammer eignet sich wunderbar als Give-away!

„Danke"

Wie Menükarte, hier sind die beiden Schmetterlinge verschieden groß!

MATERIAL EINLADUNGSKARTE

- Papier in Weiß, A4 Querformat (z. B. 120 g/qm), zum Bedrucken (reicht für 2 Karten)
- Computer und Farbdrucker (Druckfarbe: Gelb)
- 2 Transparentpapiere in Orange und Gelb, A4 (reicht für 2 Karten und viele Blüten)
- Strass-Stein, ø 5 mm (pro Karte)
- Satinband in Gelb, 4 mm breit, 45 cm lang (pro Karte)
- Motivlocher „Blume", ø 65 mm und ø 23 mm, zusätzlich ø 45 mm (Muster siehe Vorlage)
- Zierrandschere

MENÜKARTE

- Papier in Weiß, A4 Hochformat (z. B. 120 g/qm), zum Bedrucken (reicht für 1 Karte)
- Computer und Farbdrucker (Druckfarbe: Gelb)
- Transparentpapier in Orange und Gelb, A4 (reicht für 1 Karte inkl. Schmetterlinge und Blumen)
- 2 Strass-Steine in Weiß, ø 5 mm
- 2 Perlen in Weiß, ø 4 mm
- Plombendraht in Silber, ø 1 mm, 4 cm lang
- Satinband in Gelb, 4 mm breit, 80 cm lang
- Motivlocher „Blume", ø 23 mm
- Zierrandschere

GIVE-AWAY

- Organzastoff-Kreise in Orange und Gelb, ø 22 cm
- Satinband in Gelb, 4 mm breit, 20 cm lang
- Transparentpapier in Gelb, 5 cm x 5 cm
- Transparentpapier in Orange, 3 cm x 3 cm
- Blumendraht, ø 1 mm, ca. 8 cm lang
- Strass-Stein, ø 4 mm
- Phantomstift (zum Anzeichnen, verschwindet nach ein paar Stunden)
- Motivlocher „Blume", ø 23 mm, zusätzlich ø 45 mm (Muster siehe Vorlage)
- Füllung: ca. 7 glasierte Mandeln oder 12 Schokolinsen in Weiß

BLUME MIT KROKO-KLAMMER

- Kerzengießform „Blume", ø 5 cm (6 Stück pro Formenplatte)
- Keramik-Gießmasse
- Kroko-Klammer mit Draht in Silber
- Transparentpapier in Orange bzw. Gelb, 8 cm x 8 cm
- 2 Strass-Steine, ø 4 mm
- Stift in Silber
- Acrylfarbe (glänzend) in Orange bzw. Gelb
- Organza-Band in Orange bzw. Gelb, 2,5 cm breit, 30 cm lang
- Satinband in Orange bzw. Gelb, 4 mm breit, 15 cm lang
- Bohrmaschine mit Metallbohrer, ø 2,5 mm

DANKE

- Doppelkarte in Gelb, B6
- Papier in Weiß, A4 (z. B. 120 g/qm), zum Bedrucken (reicht für viele Danke-Schriftzüge)
- Transparentpapier in Gelb, 13 cm x 7 cm
- Transparentpapier in Orange, 12 cm x 7 cm
- Strass-Stein, ø 5 mm
- 2 Perlen in Weiß, ø 4 mm
- Plombendraht in Silber, ø 1 mm, 5 cm lang
- Motivlocher „Blume", ø 23 mm

VORLAGE SEITE 78+80

Moderne Dekoration

→ quadratisch und bunt

MATERIAL EINLADUNGSKARTE
- Doppelkarte in Grün, 31 cm x 15 cm
- Tonpapier in Gelb, Blau und Pink, 7,5 cm x 7,5 cm
- Glanzpapier in Lila, 8,5 cm x 8,5 cm
- Fotokarton in Gelb, 8 cm x 8 cm
- Stempel „Einladung zu meiner Konfirmation“
- Embossing-Stempelkissen in Transparent
- Einbrennpulver in Platin
- Sprühkleber

MENÜKARTE
- Doppelkarte in Grün, 29 cm x 20 cm
- Tonpapier in Gelb, Blau und Pink, 10 cm x 7,3 cm
- Glanzpapier in Lila, 11 cm x 8,5 cm
- Fotokarton in Gelb, 10,5 cm x 7,5 cm
- Stempel „Menü mit Blumenvase“
- Embossing-Stempelkissen in Transparent
- Einbrennpulver in Platin
- Sprühkleber

TISCHKARTEN-WÜRFEL
- Tonpapier in Grün, Blau, Gelb oder Pink, A5
- Tonpapierreste in Grün, Blau, Gelb oder Pink
- Satinband in Grün, Flieder, Gelb oder Orange, 3 mm breit, 50 cm lang
- Lochzange
- Lackstift in Silber

VORLAGE SEITE 71

Einladungskarte

1 Die Quadrate aus Tonpapier zuschneiden und mit dem Sprühkleber wie abgebildet auf die Karte kleben.

2 Das Glanzpapier und den Fotokarton ebenfalls ausschneiden, mit dem Stempel bedrucken und in der Mitte der Karte befestigen.

Menükarte

1 Die Menükarte wie die Einladungskarte arbeiten, dabei jedoch die Maßabweichungen beachten.

2 Den Menüstempel einbrennen und den Fotokarton aufkleben.

Tischkarten-Würfel

1 Den Würfel nach Vorlage zuschneiden, falzen und lochen. Aus einem Rest Tonpapier in einer anderen Farbe das Namenskärtchen zuschneiden, beschriften und ebenfalls lochen.

2 Das Satinband so einfädeln, dass vorne die zwei Enden des Bandes herausschauen, und einen Knoten anbringen. Das Namenskärtchen locker am Band festbinden.

3 Den Würfel mit einer kleinen Praline für den jeweiligen Gast füllen. Für Kinder ist eine kleine Packung Gummibärchen mit einem Luftballon eine nette Idee.

MENÜ
Tina
Niko
Nina
René
Einladung
zu meiner
Konfirmation

Peppig in Pink-Weiß

→ fröhliche Stimmung

MATERIAL EINLADUNGSKARTE

- Doppelkarte in Weiß, quadratisch, 13,5 cm x 27 cm (offen)
- Transparentpapier in Pink, A4
- Stempel „Einladung zu meiner Konfirmation"
- Embossing-Pulver in Silber
- Stempelkissen in Transparent
- Filzblüte in Weiß (aus Filzbordüre)
- Strass-Stein, ø 4 mm
- Feder in Weiß
- Satinbänder in Weiß, 1,5 cm breit, 30 cm lang und 4 mm breit, 40 cm lang
- Zierrandschere, Lochzange

MENÜKARTE

alles wie Einladungskarte außer:

- Doppelkarte in Weiß, B6
- Stempel „MENÜKARTE"
- 3 Filzblüten in Weiß (aus Filzbordüre)
- 3 Strass-Steine, ø 4 mm
- Satinbänder in Weiß, 1,5 cm breit, 40 cm lang und 4 mm breit, 60 cm lang

GIVE-AWAY

- Organzastoff-Kreise in Pink und Weiß, ø 22 cm
- Faden in Weiß (zum Zubinden des Beutels)
- Satinbänder in Weiß, 1,5 cm breit, 20 cm lang und 4 mm breit, 17 cm lang
- Filzblüte in Weiß (aus Filzbordüre)
- Strass-Stein, ø 4 mm
- Phantom-Stift (zum Anzeichnen, verschwindet nach ein paar Stunden)
- Tonkartonrest in Weiß
- Stift in Silber (für Namensschild)
- Füllung: ca. 6 glasierte Mandeln oder 12 Schokolinsen in Weiß

Einladungskarte

1 Transparentpapier auf das Maß 13,5 cm x 25,6 cm (offen) zuschneiden, mittig falzen und um die weiße Karte legen.

2 Auf dem restlichen Transparentpapier das Stempel-Motiv anfertigen, dann mit Zierrandschere auf die Größe von ca. 8 cm x 5,5 cm zuschneiden.

3 Das breite Satinband zu einer Schleife legen, mit dem schmalen Band verknoten, das gelochte Einladungsschild auffädeln und das Band auf der Rückseite der Karte mit einer Schleife verschließen.

4 Strass-Stein und Blüte aufkleben. Die Feder wird in den Knoten eingesteckt.

Tipp: Das fertig beschriebene Innenblatt schieben Sie einfach von unten in die Karte!

Menükarte

1 Für die Menükarte den Stempel direkt auf dem Transparentpapier (16,7 cm x 22 cm, offen) anbringen.

2 Bänder und Blüten laut Abbildung anbringen.

Give-away

1 Je einen Kreis mit dem Phantomstift und einem passenden Teller (oder Kartonkreis) auf den Organza-Stoffen anzeichnen und ausschneiden.

2 Beutel füllen, zusammenraffen und mit Faden zubinden.

3 Das breite Satinband zu einer Schleife legen, mit dem schmalen Band mittig verknoten, die Enden hinten um den Beutel herumführen und dann vorne unter der großen Schleife verknoten.

4 Namensschild und Blüte mit Strass-Stein ankleben.

MENÜKARTE
Katrin

Goldene Taube

→ Symbol des Friedens

MATERIAL EINLADUNGSKARTE

- Tonkarton „Tiziano" in Champagner, 16,5 cm x 33 cm
- Fotokarton in Dunkelblau, 11 cm x 11 cm
- Anlegemilch
- dünne Metallfolie in Gold
- Lackstift in Gold mit Kalligraphiespitze
- Acrylfarbe in Gold
- Kordel in Gold, ø 0,5 mm, 1,20 m lang
- Reliefstickerbogen in Gold mit ganz feiner Linie

MENÜKARTE

alles wie Einladungskarte außer:

- Tonkarton „Tiziano" in Champagner, 29,8 cm x 21 cm
- Fotokarton in Dunkelblau, 13 cm x 15 cm
- Tonpapier in Dunkelblau, 15,5 cm x 21 cm
- Kordel in Gold, ø 0,5 mm, 1,50 m lang

SERVIETTENRING MIT NAMENSSCHILD

alles wie Einladungskarte außer:

- Tonkarton „Tiziano" in Dunkelblau, 17 cm x 5 cm, und in Champagner, 8 cm x 4 cm
- Fotokarton in Dunkelblau, 3,5 cm x 4 cm
- Kordel in Gold, ø 0,5 mm, 70 cm lang

FOTOALBUM

- Spiralalbum mit 30 Blatt, 31 cm x 25 cm
- Lackstift in Gold mit Kalligraphiespitze
- Kordel in Gold, ø 0,5 mm, 1,50 m lang
- Acrylfarbe in Champagner, Gold und Ultramarinblau
- matter Serviettenlack in Farblos

VORLAGE SEITE 77

Einladungskarte

1 Eine Negativschablone für die Taube herstellen (siehe Tipp unten). Den blauen Fotokarton auf die Maße 10 cm x 10 cm reißen.

2 Mit einem Pinsel die gerissenen Außenränder in unregelmäßigen Strichen mit der goldenen Farbe gestalten und vollständig trocknen lassen.

3 Die Schablone mit ablösbarem Klebeband auf das blaue Quadrat kleben. Die Anlegemilch und die Goldfolie auftragen. Dabei die Herstellerhinweise beachten. Das Quadrat im oberen Drittel der Karte aufkleben. Im unteren Drittel den Schriftzug mit schwungvoller Handschrift aufbringen.

4 Die Ecken mit Anlegemilch und Goldfolie wie oben beschrieben „vergolden". Rings um den Kartenrand herum die goldenen Reliefsticker aufkleben.

5 Zuletzt die Kordel doppelt nehmen, durch den Falz der Karte legen und mit einer großen, lockeren Schlaufe befestigen.

Menükarte

1 Die Karte zuschneiden und in der Mitte falzen. Den dunkelblauen Fotokarton auf die Maße 12 cm x 14 cm reißen. Dann weiter arbeiten wie bei der Einladungskarte beschrieben.

2 Den Schriftzug aufbringen und die Karte wie bei der Einladungskarte beschrieben fertig stellen.

3 Zusätzlich aus dem blauen Tonpapier ein Einlegeblatt für die Menüfolge mit den Maßen 15,2 cm x 21 cm herstellen. Dabei die lange Seite reißen und diesen Rand ebenfalls etwas unregelmäßig mit der goldenen Farbe betupfen und gut trocknen lassen.

Tipp: Zur Herstelleung von Negativschablonen ein Stück dünnen Karton so zuschneiden, dass er auf jeder Seite ca. 2 cm-3 cm breiter ist als das Motiv. Dieses nun von der Vorlage auf die Pappe übertragen, mit dem Cutter vorsichtig ausschneiden und herauslösen. Die so hergestellte Schablone mit einem ablösbaren Klebeband auf dem gewünschten Untergrund fixieren und mit Stift oder Pinsel ausmalen.

Einladung zur Konfirmation
Menü
Marco

WEITERFÜHRUNG

Goldene Taube

Serviettenring mit Namensschild

1 Die kleine Taube nach Vorlage und wie bei der Einladungskarte beschrieben herstellen und ausschneiden.

2 Ein kleines Rechteck von 3 cm x 3,5 cm aus dem blauen Fotokarton reißen und die Kanten wie bei der Einladungskarte beschrieben in Gold einfärben und trocknen lassen. Aus dem champagnerfarbenen Papier das Rechteck zuschneiden, mit dem Reliefsticker umkleben und beschriften. In der linken oberen Ecke lochen und das dunkelblaue Quadrat mit der Taube aufkleben.

3 Die Banderole zuschneiden. An den Außenkanten Goldlinien aufkleben und zu einem Ring zusammenkleben. Zwei Reliefsticker im Abstand von 1 cm quer über die Banderole kleben. Die Kordel doppelt nehmen, mit einer Schlaufe an der Namenskarte befestigen, um die Banderole führen und festknoten. Die Banderole über eine eingerollte Serviette schieben.

Fotoalbum

1 Die Umschlagseiten des Albums in Champagner grundieren und vollständig trocknen lassen. Mittig ein Quadrat von 10 cm x 10 cm mit Klebeband abkleben und mit der Acrylfarbe in Ultramarinblau ausfüllen. Ebenfalls trocknen lassen. Mit vielen kurzen Pinselschwüngen einen unregelmäßigen, goldenen Rand als Rahmen um das gesamte Deckblatt wie auch um die blaue Fläche malen.

2 Anschließend die Schablone für die Taube anfertigen und diese auf das trockene Quadrat aufkleben und ausmalen. Den Olivenzweig frei Hand ergänzen und den Schriftzug aufbringen.

3 Nach dem Trocknen Vorder- und Rückseite des Albums mit einem matten Klarlack überziehen. Zuletzt die Kordel doppelt nehmen, neben der Spiralbindung um das Album herum legen und mit einem Knoten befestigen.

Malerisch

→ kunstvoll gestaltet

WEITERFÜHRUNG

Malerisch

MATERIAL

EINLADUNGS- UND MENÜKARTE

- handgeschöpftes Papier mit eingearbeiteter Schnur in Naturweiß, 50 cm x 70 cm
- handgeschöpfte Karte in Naturweiß, 21 cm x 21 cm (Einladungskarte)
- handgeschöpfte Karte in Naturweiß, 22 cm x 17 cm (Menükarte)
- Filzstifte in Orange und Gelb
- Acrylfarbe in Orange und Gelb
- Pinsel, Nr. 12
- doppelseitige Klebepads

TISCHKARTE AUF STAFFELEI

alles wie Einladungskarte außer:

- Miniatur-Staffelei in Natur, 12 cm x 6 cm
- handgeschöpftes Papier in Naturweiß, 7,5 cm x 11,5 cm

SERVIETTENSCHMUCK

- handgeschöpftes Papier, 5 cm x 7 cm
- Satinband in Orange oder Gelb, 3 mm breit, 60 cm lang

Einladungs- und Menükarte

1 Den Bogen handgeschöpftes Papier halbieren. Nun etwas orangefarbene und gelbe Acrylfarbe mit Wasser verdünnen und jeweils die Hälfte des Papierbogens damit einfärben und trocknen lassen. Ein gelbes und ein orangefarbenes Rechteck mit den Maßen 8 cm x 6 cm reißen.

2 Die Rechtecke gemäß Abbildung leicht überlappend mit den Klebepads auf der Karte befestigen.

3 Den Schriftzug frei Hand in Gelb und dann in Orange darüber auftragen.

Tischkarte auf Staffelei

1 Die Staffeleien mit der Acrylfarbe in Orange oder Gelb bemalen und trocknen lassen. Aus dem handgeschöpften Papier Rechtecke (7 cm x 11 cm) reißen, mittig falten und den Namenszug wie oben beschrieben aufbringen.

2 Aus dem eingefärbten Papier wie bei der Einladungskarte beschrieben zwei Quadrate (6 cm x 6 cm) herstellen und zu Dreiecken falten. Die beiden Dreiecke leicht überlappend in der linken oberen Ecke der Tischkarte aufkleben und diese auf der Staffelei platzieren.

Serviettenschmuck

1 Eine Serviette auseinander falten und eine Spitze auf die gegenüberliegende klappen. Dann die rechte und linke Seite überlappend nach hinten umschlagen. Im unteren Drittel das gelbe oder orangefarbene Satinband zweimal um die entstandene Spitztüte wickeln.

2 Aus den Resten der oben beschriebenen, eingefärbten Papiere Rechtecke von 4,5 cm x 6,5 cm reißen, überlappend zusammenkleben und zwischen Band und Serviette stecken.

Zartes Hellblau

→ ein Hauch aus Seide

MATERIAL
EINLADUNGSKARTE
- Doppelkarte in Pastellblau, DIN lang
- Einzelkarte in Pastellblau, A6 (für diverse Stempel und Namensschild)
- passendes Transparent-Einlegeblatt in Hellblau
- Faserseide in Hellblau, 8 cm x 19,5 cm
- Karton in Silber, 7,5 cm x 5,5 cm und 6,5 cm x 6 cm
- Stempel „Einladung" und „Fisch und Kelch" (61 mm x 50 mm)
- Embossing-Pulver in Silber
- Stempelkissen in Transparent
- 2 Metall-Perlenkugeln in Silber, ø 4,5 mm
- 4 Abstands-Pads
- Satinband in Hellblau, 3 mm breit, 50 cm lang

MENÜKARTE
alles wie Einladungskarte außer:
- Doppelkarte in Pastellblau, A5, auf 12 cm Breite zugeschnitten
- Faserseide in Hellblau, 10,5 cm x 19,5 cm
- Karton in Silber, 8,5 cm x 6 cm
- Stempel „Menü"
- 8 Abstands-Pads
- Satinband in Hellblau, 3 mm breit, 60 cm lang

GIVE-AWAY
- Faserseide in Hellblau, 8 cm x 28 cm
- Satinband in Hellblau, 3 mm breit, 30 cm lang und 25 cm lang
- 2 Metall-Perlenkugeln in Silber, ø 4,5 mm
- Karton in Silber, 3 cm x 1,5 cm
- Rest von Einzelkarte in Pastellblau (für Namensschild)
- Nähmaschine mit passendem Faden oder UHU Kraft transparent
- Stopfnadel
- Stift in Silber
- Füllung: ca. 5 glasierte Mandeln in Weiß

Einladungskarte

1 Die Stempel-Motive anfertigen und ausschneiden (das Kelch-Motiv entlang der äußeren Kontur).

2 Alle Teile aufkleben, das Kelch-Motiv mit vier Abstands-Pads aufsetzen.

3 Die Karte mit dem Satinband verschließen, die Enden der Schleife jeweils schräg zuschneiden, die Metall-Perlen hier auffädeln und mit einem Knoten sichern.

4 Das beschriftete Innenblatt von unten einschieben.

Menükarte

Für die Menükarte drei Stempel-Motive herstellen. Die Fische mit je vier Abstands-Pads auf der Karte anbringen. Das Menü-Schild wird direkt aufgeklebt.

Give-away

1 Faserseide in der Mitte falzen und seitlich zusammennähen oder -kleben.

2 Zum Verschließen die obere Kante zweimal je 2 cm umschlagen, glatt streichen und mithilfe einer Stopf-Nadel das längere Satinband einziehen und vorne verknoten. Das kürzere Band hier anknoten.

3 Die Enden des längeren Bandes spitz zuschneiden, die Perlen auffädeln und mit einem Knoten sichern. Schleife binden.

4 Namensschild anfertigen und an den Enden des kürzeren Bandes ankleben.

Zartes Hellblau
Anleitung Seite 43

Fisch auf Blau

→ Symbol des Lebens

Abbildungen siehe Seite 46 und 47.

Einladungkarte und Menükarte

1 Auf der Karte das Stempel-Motiv anbringen.

2 Schablone für den Fisch anfertigen, Muster auf Spiegelkarton übertragen und Motiv mit kleiner Schere oder Nagelschere ausschneiden.

3 Das ausgeschnittene Stück Drahtgeflecht formen und mit Abstands-Pads auf der Karte fixieren. Fisch darüber mit Klebstoff aufsetzen und Strass-Auge aufkleben.

4 Wellen ausschneiden und ankleben.

Fisch mit Kroko-Klammer

1 Gießteil nach Herstellerhinweisen auf der Packung und gemäß der Anleitung auf Seite 6 anfertigen.

2 Karte ausschneiden, beschriften, zusammenkleben und anklemmen.

3 Schleife anfertigen (siehe Vorlage) und mit dem schmalen Band an der Krokoklammer befestigen.

Tipp: Fertigen Sie für Mädchen und Frauen die Kroko-Klammer in Pink!

MATERIAL EINLADUNGS- UND MENÜKARTE

- Doppelkarte in Royalblau, DIN lang
- passendes Einlegeblatt in Royalblau
- Stempel „EINLADUNG“ und „MENÜ“
- Embossing-Pulver in Silber
- Stempelkissen in Transparent
- Drahtgeflecht in Platin, ca. 13 cm x 7 cm
- Spiegelkarton in Silber, ca. 6 cm x 6 cm und 10,5 cm x 2 cm (für die Wellen)
- Strass-Stein in Blau, ø 6,5 mm
- 3 Abstands-Pads
- Zierrandschere „Welle“

FISCH MIT KROKO-KLAMMER

- Kerzengießform „Fisch“, 5,5 cm groß (6 Stück pro Formenplatte)
- Keramik-Gießmasse
- Kroko-Klammer mit Draht in Silber
- Spiegelkarton in Silber, 5,5 cm x 4 cm
- Tonpapier in Royalblau, 4 cm x 2,5 cm
- Zierrandschere „Welle“
- Metallic-Farbe in Blau
- Stift in Silber
- Satinband in Royalblau, 1,5 cm breit, 25 cm lang und 3 mm breit, 20 cm lang
- Bohrmaschine mit Metallbohrer, ø 2,5 mm

VORLAGE SEITE 79

WEITERFÜHRUNG

Fisch auf Blau

MATERIAL „HERZLICHEN DANK"

- Tonpapier in Royalblau, A4 (reicht für 2 Karten)
- Briefumschlag in Transparent-Hellblau, B6
- Stempel „HERZLICHEN DANK"
- Embossing-Pulver in Silber
- Stempelkissen in Transparent
- Strass-Stein in Blau, ø 6,5 mm

ERINNERUNGSALBUM

- Album in Blau
- Tonpapier in Royalblau oder Pink
- Spiegelkarton in Silber
- wasserfester Stift in Blau
- Stift in Silber

„Herzlichen Dank"

1 Das blaue Papier in den Abmessungen 13 cm breit und 22 cm hoch (offen) ausschneiden und mittig falzen.

2 Den Fisch mithilfe einer Schablone aufzeichnen (Falzkante oben!).

3 Embossing-Schriftzug anbringen und dann die Doppelkarte gefalzt ausschneiden.

4 Strass-Stein als Auge aufkleben.

Tipp: Kleben Sie ein passendes Foto in den Fisch hinein oder legen Sie es einfach dazu in den Umschlag!

Erinnerungsalbum

1 Für das Album vor der Feier Fische in verschiedenen Größen aus passendem blauen Papier oder Spiegelkarton in verschiedenen Größen ausschneiden und mit einem passenden Stift jeweils das Auge aufmalen.

2 Beim Fest unterschreiben dann alle Gäste z. B. mit einem Silberstift oder einem blauen Markerstift.

Tipp: Wenn Ihre Gäste selber gute Wünsche formulieren sollen, schneiden Sie einfach größere Fische aus.

Tipp: Sicher werden Sie auch Ihre schönsten Fotos in dieses Album aufnehmen. Sie könnten z. B. ein Gruppenfoto mit einer Serie von Glückwunsch-Fischen umrahmen.

Kai
MENÜ
Björn
Einladung

Strahlend in Türkis und Blau

→ mit Sonnenglanz

MATERIAL EINLADUNGSKARTE

- Lackkarton in Türkis, 29 cm x 15 cm
- Tonpapier in Türkis, 10 cm x 11 cm
- Tonpapier in Hellblau, A5
- Einlegeblatt in Weiß, 28 cm x 14,5 cm
- Stempel „Einladung zur Konfirmation“
- Embossing-Stempelkissen in Transparent
- Einbrennpulver in Platin
- Sprühkleber

MENÜKARTE

alles wie Einladungskarte außer:

- Lackkarton, 29 cm x 19 cm
- Tonpapier in Türkis, 10 cm x 12,5 cm
- Einlegeblatt in Weiß, 28 cm x 18,5 cm
- Stempel „Menü“

SERVIETTENBAND

- Tonpapier in Türkis, 13 cm x 7 cm
- Tonpapier in Hellblau, 5 cm x 5 cm
- Organzaband in Weiß, 4 cm breit, 1 m lang
- Embossingstift in Transparent
- Einbrennpulver in Platin

PICCOLOHÜLLE ALS GIVE-AWAY

- Tonpapier in Hellblau, 22 cm x 21 cm
- Tonpapier in Türkis, 13 cm x 14 cm
- Organzaband in Weiß, 4 cm breit, 1,50 m lang
- Embossing-Stempelkissen in Transparent
- Einbrennpulver in Platin
- Sprühkleber
- Piccolo-Sekt

VORLAGE SEITE 77

Einladungskarte

1 Den Lackkarton zuschneiden und als hochformatige Karte falzen. Das türkisfarbene Tonpapier mithilfe des Sprühklebers mittig und unten bündig aufkleben. Die Sonne nach Vorlage ausschneiden und mit Sprühkleber gemäß der Abbildung aufkleben.

2 Die platinfarbene Schrift aufstempeln und embossen.

3 Papier und Blüten aufkleben. Zuletzt das Einlegeblatt zuschneiden, falten und in die Karte einlegen.

Menükarte

1 Die Menükarte wie die Einladungskarte anfertigen, jedoch die veränderten Maße beachten und den Stempel „Menü“ verwenden.

2 Die Sonne wie auf der Abbildung zu sehen aufkleben.

Serviettenband

1 Das Namensschild und das Sonnensymbol nach Vorlage ausschneiden. Den Namen in der Embossingtechnik auftragen.

2 Eine Stoffserviette (30 cm x 30 cm) auseinander falten und von beiden Seiten bis zur Mitte aufrollen und doppelt legen. Das Band zweimal darum herum legen und mit einer halben großen Schleife zubinden. Zuletzt das Kärtchen dazwischen schieben.

Piccolohülle als Give-away

1 Das hellblaue Tonpapier zuschneiden und falten, so dass die Höhe 21 cm beträgt und seitlich eine überlappende Klebefläche von ca. 1 cm entsteht.

2 Nun ein türkisfarbenes Dreieck in der Größe 13 cm x 14 cm x 19 cm zuschneiden. Dieses bestempeln, embossen und mit dem Sprühkleber aufkleben.

3 Jetzt die Hülle an der Klebefläche zusammenkleben und den Piccolo hineinstellen. Das Organzaband mit einer großen Schleife um den Verschluss binden und so drapieren, dass die Schleife und die Schleifenenden über die Hülle hängen.

Tipp: Für die kleinen Gäste können Sie eine schmalere Hülle mit einer Rolle Schokolinsen als Inhalt anfertigen. Um diese binden Sie dann ebenfalls ein Organzaband mit einer kleinen Schleife.

Menü
Einladung zur
Konfirmation
Danke

Modern in Pink-Orange

→ Farben wie im Orient

MATERIAL EINLADUNGSKARTE

- Doppelkarte in Pink, B6
- Naturpapier „Mulberry" in Orange, ca. 14 cm x 10 cm
- Tonkarton in Orange, ca. 6 cm x 3 cm (für „Einladung")
- Ziersticker „Einladung" in Silber
- Transparentpapier in Pink und Orange, je 8 cm x 4 cm
- 4 flache Strass-Steine in Opal, ø 2 mm
- Web-Band in Orange/Pink, 4 cm breit, 18 cm lang
- Satinbänder in Orange und Pink, je 3 mm breit, 50 cm lang
- Motivlocher „Schmetterling", 25 mm x 32 mm
- Zierrandschere

MENÜKARTE

alles wie Einladungskarte außer:

- Doppelkarte in Pink, A5, auf DIN lang (21 cm x 21 cm, offen) mit Cutter geschnitten
- Ziersticker „Menü" in Silber
- alle Bänder 6 cm länger

GIVE-AWAY

- Stoff in Pink bzw. Orange, je 9 cm x 36 cm
- Nähmaschine mit Faden in Orange bzw. Pink
- Organza-Band in Pink bzw. Orange, ca. 3 cm breit, 20 cm lang
- Satinband in Pink bzw. Orange, 3 mm breit, 20 cm lang
- Tonkarton in Pink bzw. Orange, ca. 3 cm x 2 cm
- Stift in Silber
- Zierrandschere
- Füllung: ca. 20 Schokolinsen in Weiß

Einladungskarte

1 Naturpapier in unregelmäßigen Formen zunächst falzen, dann reißen und auf die Karte kleben.

2 Das breite Web-Band um die Karte legen und auf der Innenseite mit wenig Klebstoff fixieren, die Satinbänder oben links verknoten.

3 Aus beiden Farben des Transparentpapiers je zwei Schmetterlinge mit dem Locher ausstanzen, am Körper jeweils mit wenig Klebstoff zusammenkleben und die oberen Flügel vorsichtig nach oben biegen.

4 Mit einem Zahnstocher wenig Klebstoff auf die Strass-Steine tupfen und diese mithilfe einer Pinzette aufsetzen.

5 Schildchen mit Zierrandschere ausschneiden, Schriftzug anbringen und auf die Karte kleben.

Tipp: **Die Einlegeblätter (nicht aus Transparentpapier) kleben Sie hier auf der linken Innenseite an den Rändern an, damit die hier verklebten Band-Enden verdeckt werden!**

Menükarte

Für die Menükarte den Schriftzug direkt auf der Karte ankleben. Ansonsten wie Einladungskarte arbeiten.

Give-away

1 Stoffstreifen rechts auf rechts übereinander legen, mit Stecknadeln fixieren. Seitennähte mit 0,5 cm - 1,5 cm Rand steppen. Um einen ebenen Boden zu erzielen, eine Seitennaht auf die Boden-Mittellinie legen, mit Nadeln fixieren und ca. 1,5 cm von der Spitze abnähen (siehe Abbildung). Säckchen wenden, den oberen Rand weit nach innen umklappen.

2 Das Organza-Band zu einer Schleife legen, mit dem Satinband verknoten, die Enden hinten um den Beutel herumführen und dann vorne unter der großen Schleife verknoten. Das fertige Namensschild an den Enden des Satinbands ankleben.

Menu
Martin
Franzi
Einladung

Zartgrüne Deko

→ pastellfarben

MATERIAL EINLADUNGSKARTE

- Doppelkarte in Birkengrün, B6
- Einzelkarte in Birkengrün, A6 (für Stempel und „Einladung")
- Stempel „Taube und Kelch"
- Embossing-Pulver in Silber
- Stempelkissen in Transparent
- Naturpapier „Mulberry" in Weiß, ca. 10 cm x 10 cm
- Spiegelkarton, 6 cm x 7,5 cm
- Ziersticker „Einladung" in Silber
- Kordel in Silber, ø 2 mm, 45 cm lang
- Transparentpapier in Weiß, 23 cm x 17 cm (offen, für Innenblatt)
- Zierrandschere, Lochzange

MENÜKARTE

alles wie Einladungskarte außer:

- Doppelkarte in Birkengrün, DIN lang
- Ziersticker „Menü" in Silber
- Einlegeblatt in Birkengrün
- Kordel in Silber, ø 2 mm, 70 cm lang
- 2 Abstands-Pads
- Feder in Grün

TISCHKARTE

alles wie Einladungskarte außer:

- Tischkarte in Birkengrün, 9 cm x 10 cm (offen)
- Stempel klein: „Taube mit Zweig"
- Naturpapier „Mulberry" in Weiß, ca. 7 cm x 6 cm
- Speigelkarton, 4,5 cm x 3,5 cm
- Rest von Einzelkarte in Birkengrün, A6 (für Namensschild)
- Stift in Silber

SERVIETENRING

- Keramik-Gießmasse
- Gießformplatte „Kommunion/Konfirmation", insgesamt 6 Motive
- Seidenband in Hellgrün, 2,5 cm breit, 40 cm lang
- Acrylfarbe in Grasgrün und Silber
- Rest von Einzelkarte in Birkengrün, A6 (für Namensschild)

Einladungskarte

1 Stempel-Motiv auf Karte anfertigen, dann auf das Maß von 5 cm x 6,5 cm zuschneiden.

2 Naturpapier (ca. 6,5 cm x 8,5 cm) falzen und über Tischkante reißen.

3 Die Teile mit transparentem Kleber übereinander auf die Karte kleben.

4 Den beschrifteten Innenbogen falzen und im Falz der Karte mit Klebstoffpunkten fixieren. Dann Rand mit der Zierrandschere in ca. 5 mm Abstand abschneiden und Kordel anknoten.

5 Schriftzug „Einladung" auf passendem Kartenstück anbringen, daraus ein Kärtchen von ca. 6 cm x 3 cm mit Zierrandschere ausschneiden, lochen und an der Kordel mit einem Knoten fixieren.

Menü- und Tischkarte

Menü- und Tischkarte werden genauso angefertigt. Bei der Menükarte das Innenblatt nach dem Bedrucken ohne Zierrand glatt zurechtschneiden, das Menü-Schildchen mit zwei Abstands-Pads direkt auf der Karte anbringen und die Feder in die Kordel einstecken.

Tipp: Statt Ziersticker-Klebeschrift können Sie auch einen Embossing-Stempel benutzen!

Serviettenring

1 Gießteil nach Anleitung auf S. 6 anfertigen.

2 Motiv bemalen und trocknen lassen.

3 Ein Ende des Bandes zu einem Ring von ca. ø 3,5 cm aufrollen und mit Klebstoff fixieren. Hier wird später die Serviette eingesteckt.

4 Das Gipsteil wird oben mit Klebstoff aufgesetzt, das vorbereitete Namensschild weiter vorn auf dem Band mit Abstands-Pads oder Klebstoff fixieren.

Tipp: Wenn Sie am Serviettenring das Namensschild befestigen, können Sie auf ein zusätzliches Namensschild verzichten.

Menü
Regina

KERZEN

Kerzen gehören zur Kommunion und Konfirmation einfach mit dazu. Ob für Jungs oder Mädchen, schlicht oder verspielt – hier ist für jeden Geschmack etwas mit dabei. Mit verschiedenen Beschriftungen verleihen Sie den Kerzen die ganz persönliche Note.

Moderne Kommunionskerzen

→ frühlingsfrische Farben

Kelch und Fische

1 Die Rechtecke aus den entsprechenden Wachsplatten zurechtschneiden. Sie sind 4,5 cm x 5 cm (grasgrün), 3,5 cm x 5 cm (hellgrün) und 2,5 cm x 3 cm (blau) groß.

2 Das hellgrüne Rechteck wird zuerst platziert, danach das blaue, zuletzt das grüne. Die Fische, den Kelch und die Hostie ausschneiden und aufsetzen.

3 Das Kreuz aus doppelt gelegten Wachszierstreifen anbringen.

4 Den Namen aus Wachsbuchstaben aufsetzen.

Kelch und Hostie

1 Mithilfe von Lineal und Bleistift einen 20 cm langen und 3,5 cm breiten Streifen aus der grün marmorierten Wachsplatte ausschneiden und positionieren. Die Ränder werden mit Wachszierstreifen eingefasst.

2 Danach den Kelch und die Hostie ausschneiden und fixieren.

3 Aus Wachszierstreifen fünf 3,5 cm bis 5 cm lange Strahlen abschneiden und um die Hostie platzieren.

Tipp: Wenn Sie möchten, können Sie den Namen und eventuell auch das Datum der Erstkommunion hinten oder auf der Seite der Kerze anbringen.

MATERIAL

KELCH UND FISCHE

- rechteckige Kerze in Weiß, 8,5 cm breit, 20 cm hoch
- Wachsplatten in Grasgrün, Hellgrün, Blau und Gold
- Wachsplattenrest in Goldgelb
- 2 runde Wachszierstreifen in Gold, 2 mm breit
- Wachsbuchstaben in Gold

KELCH UND HOSTIE

- rechteckige Kerze in Weiß, 8,5 cm breit, 20 cm hoch
- Wachsplatten in Hellgrün, Goldgelb und Gold
- Wachsplattenrest in Hellgrün marmoriert
- 3 runde Wachszierstreifen in Gold, 2 mm breit

VORLAGE SEITE 67

Zur Heiligen Kommunion

→ schön traditionell

MATERIAL

FISCH, ÄHREN UND LEBENSWEG

- runde Kerze in Weiß, ø 6 cm, 26 cm hoch
- Wachsplatten in Goldgelb und Dunkelrot
- Wachsplattenreste in Gold und Ockergelb
- runder Wachszierstreifen in Gold, 2 mm breit
- 2 flache Wachszierstreifen in Gold, 1 mm breit

KELCH, TRAUBEN UND SONNE

- runde Kerze in Weiß, ø 4 cm, 40 cm hoch
- Wachsplatten in Goldgelb, Orange, Gold, Braun, Dunkelblau und Grün
- 5 flache Wachszierstreifen in Gold, 1 mm breit
- Wachsbuchstaben in Gold

PAX CHRISTIE UND REGENBOGEN

- runde Kerze in Weiß, ø 4 cm, 40 cm hoch
- Wachsplatten in Goldgelb, Violett, Hellblau, Mittelblau, Orange und Rot
- 4 runde Wachszierstreifen in Gold, 3 mm breit
- Wachsbuchstaben in Gold
- Ziersticker „Zur Heiligen Kommunion" in Gold

VORLAGE SEITE 66

Fisch, Ähren und Lebensweg

1 Die Kreise nach der Vorlage aus den entsprechenden Wachsplatten zurechtschneiden und gemäß der Abbildung fixieren.

2 Den Lebensweg und die beiden Stiele für die Ähren mit Zierstreifen legen. Die Körner für die Ähren aus goldenen und ockerfarbenen Wachsplattenresten fertigen und laut Abbildung fixieren.

3 Zuletzt den Fisch ausschneiden und positionieren.

Kelch, Trauben und Sonne

1 Sämtliche Motive nach der Vorlage aus den jeweiligen Wachsplatten zuschneiden. Den Kelch laut Abbildung positionieren und mit Wachszierstreifen einfassen.

2 Die Sonne platzieren und mit Wachszierstreifen in der Mitte ein Kreuz legen. Jeder dritte Strahl wird mit einem 4 cm langen Zierstreifen wellenförmig gelegt. Die Buchstaben anbringen.

3 Das Weinblatt befestigen. Für die Traube aus der dunkelblauen Wachsplatte Kügelchen formen und daraus die plastische Weintraube fertigen. Die Wachskugeln beim Fixieren etwas flach drücken.

Pax Christie und Regenbogen

1 Das Pax-Zeichen aus der gelben Wachsplatte fertigen, auf der Kerze platzieren und mit Goldzierstreifen einfassen.

2 Für den Regenbogen von jeder Wachsplatte einen 3 mm breiten und 19 cm langen Streifen abschneiden und laut Abbildung bogenförmig auf der Kerze fixieren.

3 Zwei Wachszierstreifen zum Umrahmen des Schriftzuges unten rund um die Kerze legen.

Zur Heiligen Kommunion
LISA
JANA

Klassische Kerzen

→ es werde Licht

MATERIAL KOMMUNION-KERZE FÜR JUNGEN

- Kerze in Weiß, ø 28 oder 30 mm, 50 cm lang
- Verzierwachsstreifen in Silber, 1 mm breit
- Hologramm-Verzierwachs in Silber
- Verzierwachsplatte in Blau
- Satinband in Weiß, 11 cm breit, 1,10 m lang
- Chiffonband in Weiß, 4 cm breit, 1 m lang
- Doppelsatinband in Blau, 3 mm breit, 90 cm lang
- Doppelsatinband in Weiß, 3 mm breit, 60 cm lang

KOMMUNION-KERZE FÜR MÄDCHEN

- Kerze in Weiß, ø 28 oder 30 mm, 50 cm lang
- Verzierwachsstreifen in Gold, 2 mm breit
- Myrtenkranzgirlande, 2,70 m lang
- Chiffonrosen in Weiß, ca. ø 2 cm
- Organzaband in Weiß, 15 mm breit, 8 m lang
- Doppelsatinband in Weiß, 6 mm breit, 8 m lang
- Doppelsatinband in Weiß, 3 mm breit, 9 m lang

VORLAGE SEITE 75

Kommunion-Kerze für Jungen

1 Den Fisch von der Vorlage auf die blaue Wachsfolie übertragen, vorsichtig mit einem Cutter ausschneiden.

2 Das Kreuz mit 1 mm breiten silbernen Wachsstreifen gestalten, dazu zwei Streifen verwenden, die Maße von der Vorlage abnehmen.

3 Zuerst die zusammenhängenden Längsstreifen aufkleben, daneben die Hologramm-Wachsfolie befestigen. Jetzt die waagrechten Streifen aufkleben. Darüber den Fisch befestigen, danach den Fisch mit einem Wachsstreifen einfassen.

4 Die silbernen Schuppen ausschneiden und aufkleben. Die Kiemen und das Auge ebenfalls mit der Hologramm-Wachsfolie anbringen.

5 Die Schleife aus dem Satinband, dem Chiffonband und dem Satinbändchen binden (siehe Seite 6).

Kommunion-Kerze für Mädchen

1 Jeweils zwei einzelne Wachsstreifen nebeneinander, senkrecht 14 cm lang und waagrecht 3,5 cm lang, auf der Kerze befestigen. An den Enden vorsichtig schräg abschneiden.

2 Für das Kerzenkränzchen aus einer 2 m langen Myrtengirlande ein Kränzchen formen. Dazu ein Kränzchen aus der Girlande legen, das etwas größer ist als der Kerzendurchmesser. Diesen Kreis fünfmal wiederholen, danach die Girlande um die gelegten Kranzwindungen schlingen.

3 Auf dieses Basiskränzchen die acht Chiffonblüten gleichmäßig verteilt mit der Heißklebepistole aufkleben.

4 Die zu verarbeitenden Bänder jeweils 1 m lang zuschneiden. Zuerst das Chiffonband, danach das 6 mm breite Satinband und zuletzt das 3 mm breite Bändchen zusammenwinden. Von diesen dreifach gebundenen Schleifen acht Stück binden. Den Schleifendraht mit dem Seitenschneider kürzen und die Schleifen etwas nach unten versetzt zwischen den Röschen, ebenfalls mit Heißkleber, einkleben.

5 Den Tropfenfänger genau wie das Basiskränzchen arbeiten, nur nicht ganz so dick. Mit dem schmalen Satinband umwickeln.

Schiff und Auge Gottes

→ traditionelle christliche Symbole

MATERIAL
SCHIFF
- runde Kerze in Weiß, ø 7 cm, 23 cm hoch
- Wachsplatten in Creme, Dunkelbraun und Dunkelblau
- 4 runde Wachszierstreifen in Gold, 2 mm breit

AUGE GOTTES
- runde Kerze in Weiß, ø 6 cm, 26 cm hoch
- Wachsplatten in Goldgelb, Orange, Rot und Hellblau
- 3 runde Wachszierstreifen in Gold, 2 mm breit

VORLAGE SEITE 67

Schiff

1 Die Wachsmotive für den Schiffsrumpf und das Segel aus Wachsplatten anfertigen und laut Abbildung fixieren.

2 Das Schiff und das Segel mit Goldzierstreifen umrahmen. Den Schiffsrumpf mit weiteren Goldstreifen verzieren und auf dem Segel ein Pax-Zeichen anbringen.

3 Den Mast aus doppelt gelegten Zierstreifen fertigen. Für die Wellen werden vier dunkelblaue, 2 mm breite und 19 cm lange Streifen zugeschnitten und laut Abbildung auf der Kerze platziert.

Auge Gottes

1 Das Auge auf die Kerze übertragen. Das blaue Motiv ausschneiden und fixieren. Dann mit Goldstreifen die Konturen des Auges legen.

2 Das Wachsplattenmotiv nach der Vorlage je ein Mal in Rot, Orange und Gelb zuschneiden und gemäß Abbildung aneinanderfügen.

3 Aus Wachszierstreifen acht unterschiedlich lange Strahlen (5 cm bis 6 cm) zuschneiden und laut Abbildung anbringen.

Christliche Symbole

→ modern interpretiert

MATERIAL
REGENBOGEN, FISCHE, WASSER, SONNE

- rechteckige Kerze in Weiß, 8,5 cm breit, 20 cm hoch
- Wachsplatten in Gold, Rot, Orange, Gelb, Blau, Hellblau, Lila und Türkis
- 2 runde Wachszierstreifen in Gold, 2 mm breit

SCHMETTERLING

- ovale Formenkerze in Weiß, 5,5 cm x 8 cm, 18 cm hoch
- Wachsplatten in Rot, Orange und Goldgelb
- 2 runde Wachszierstreifen in Gold, 2 mm breit
- runder Wachszierstreifen in Gold, 1 mm breit
- Wachszahlen in Gold
- 6 Strasssteine, ø 2 mm

VORLAGE SEITE 69

Regenbogen, Fische, Wasser, Sonne

1 Für den Regenbogen je einen 3 cm breiten und 19 cm langen Streifen in Rot, Orange, Gelb, Blau, Hellblau und Lila zuschneiden. Die Streifen laut Abbildung anordnen und bogenförmig aufsetzen.

2 Den Sonnenkörper aus der goldenen Wachsplatte fertigen und platzieren. Aus den Zierstreifen sechs unterschiedlich lange Strahlen (3,5 cm bis 5,5 cm) schneiden und positionieren.

3 Das Wellenmotiv in Blau fertigen, laut Abbildung um die Kerze herum fixieren und mit den goldenen Zierstreifen gestalten. Die Fische nach der Vorlage ausschneiden und um den Streifen herum aufsetzen.

Schmetterling

1 Die Schmetterlingsflügel aus den entsprechenden Wachsplatten nach der Vorlage ausschneiden und platzieren.

2 Laut Abbildung die Schmetterlingskörper und die Fühler mit schmalen Zierstreifen gestalten. Die übrigen Zierstreifen dekorativ daneben positionieren, die Zahlen anbringen. Strasssteine aufsetzen.

12.5.07

Symbolträchtig

→ schlicht-schön

MATERIAL

SONNE UND FISCHE

- rechteckige Kerze in Weiß, 8,5 cm breit, 20 cm hoch
- Wachsplatten in Blau und Gelb
- 2 runde Wachszierstreifen in Gold, 2 mm breit
- 2 flache Wachszierstreifen in Gold, 2 mm breit
- Acrylfarbe in Gelb und Orange
- Kerzenmalmedium
- Klebeband

LEBENSWEG

- runde Kerze in Weiß, ø 6 cm, 25 cm lang
- Acrylfarbe in Orange und Gelb
- Kerzenmalmedium
- 6 runde Wachszierstreifen in Gold, 2 mm breit
- Wachsbuchstaben in Gold

VORLAGE SEITE 68

Sonne und Fische

1 Mithilfe von Bleistift und Lineal ein 5,5 cm breites und 12 cm langes Rechteck auf die Kerze zeichnen. Danach um die Randlinie das Klebeband fixieren.

2 Mit einem Schwämmchen laut Anleitung auf Seite 7 die Acrylfarbe im Farbverlauf auftragen. Nach dem Trocknen das Klebeband entfernen und die Ränder mit den runden Zierstreifen einfassen.

3 Aus der hellgelben Wachsplatte für die Sonne einen Kreis und für die Strahlen zwei 5 mm breite und 20 cm lange Wachsstreifen ausschneiden. Aus den Streifen die Strahlen entsprechend der Vorlage zurechtschneiden, auf der Kerze platzieren und mit den flachen Wachszierstreifen einfassen.

4 Die Fische ausschneiden und positionieren.

Lebensweg

1 Für den Kreis eine Negativschablone fertigen und auf der Kerze fixieren. Mit einem Schwämmchen die mit Kerzenmalmedium verdünnte Acrylfarbe auftragen (siehe Grundanleitung Seite 7).

2 Den Wachszierstreifen von der Mitte beginnend spiralförmig nach außen legen.

3 Die Kreuzenden mit jeweils einem doppelten Wachszierstreifen wellenförmig gemäß Abbildung legen. Den Namen andrücken.

JULIA

kleine Teile mit der
Nadel ausschneiden

5 x gelb
5 x orange

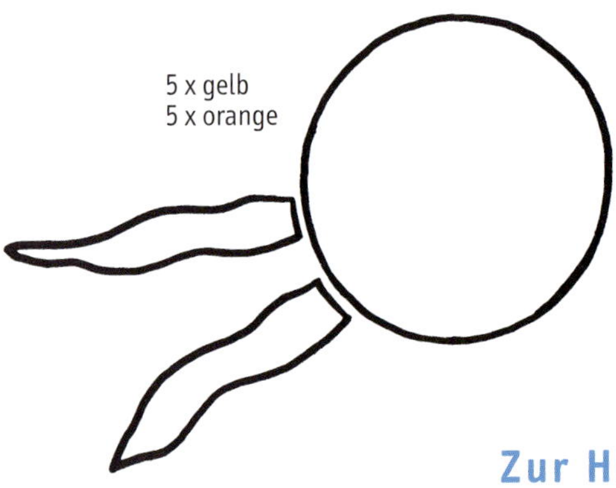

Ährenkorn

Zur Heiligen Kommunion

SEITE 66

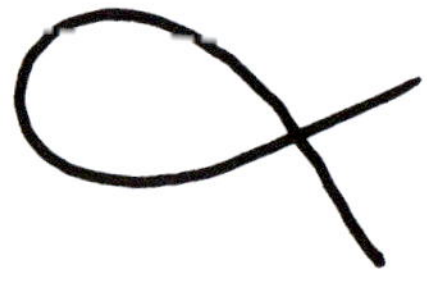

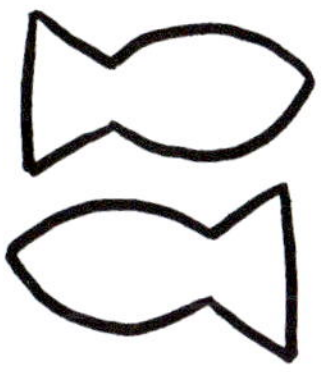

Moderne Kommunionskerzen

SEITE 54

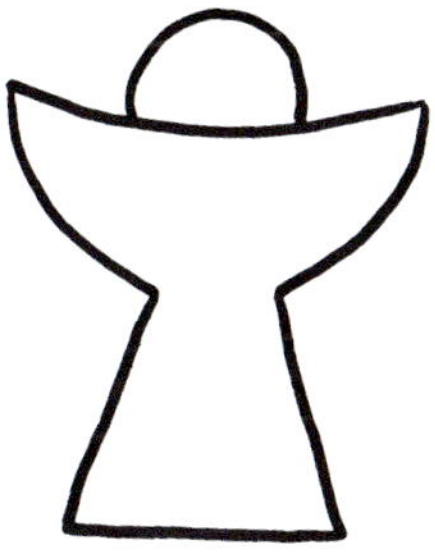

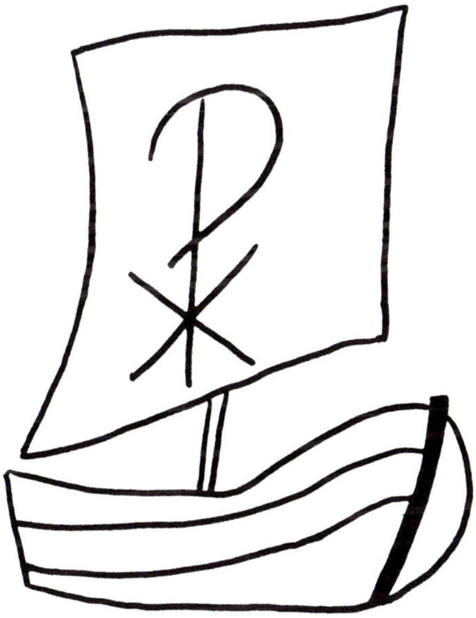

Schiff und Gottes Auge

SEITE 60

Streifen 3 x

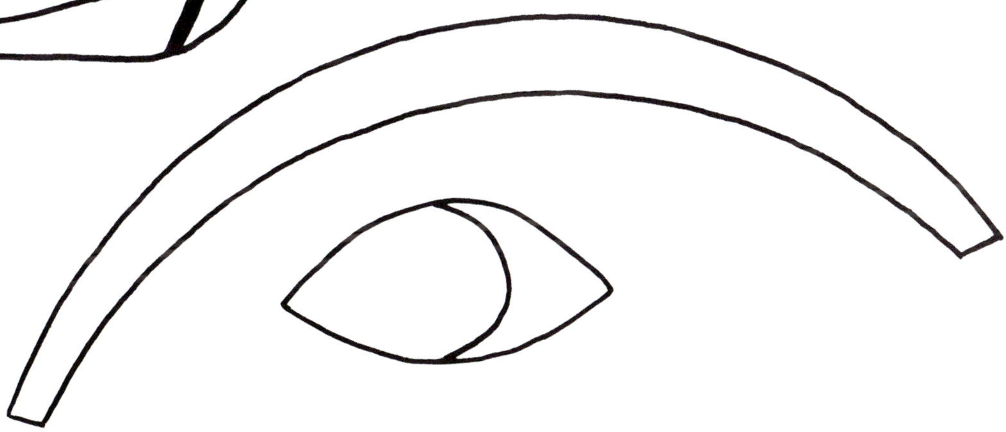

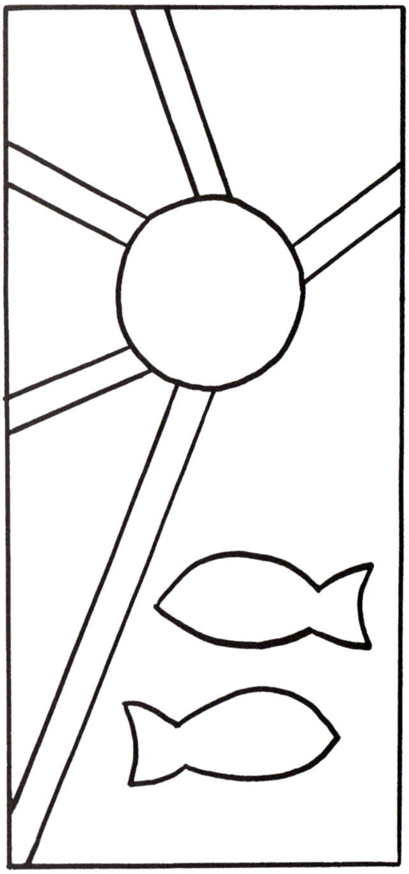

Symbolträchtig

SEITE 64

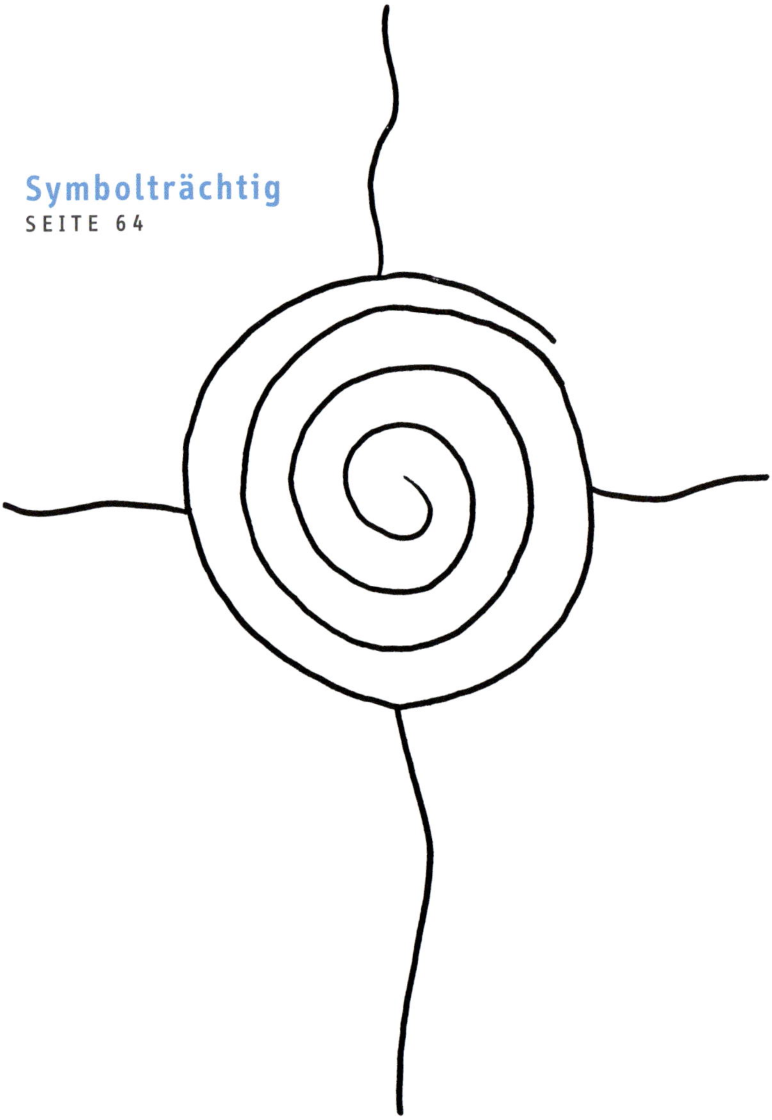

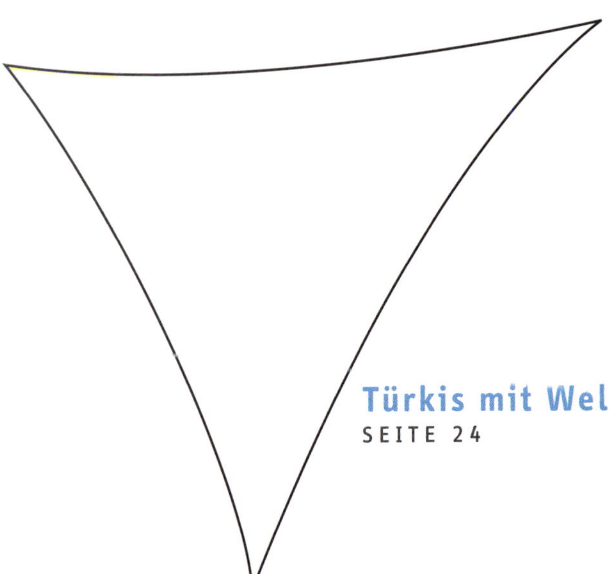

Türkis mit Wellen

SEITE 24

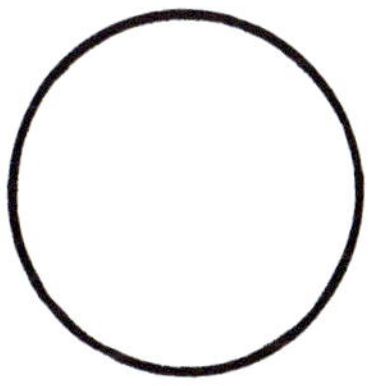

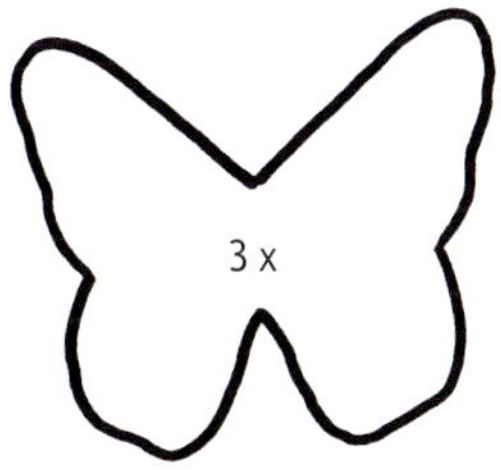

Christliche Symbole

SEITE 62

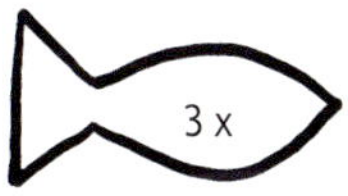

Regenbogen laut Abbildung
Streifen: 2 cm

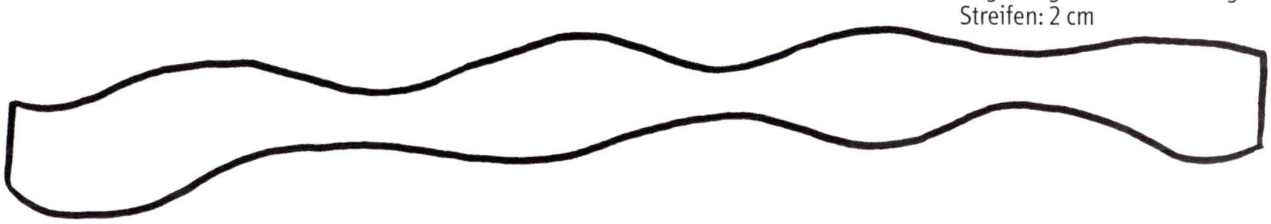

Muster A

Schilderzuschnitte

SEITE 5

Muster B

Trendige Filzblüten

SEITE 28

Moderne Dekoration

SEITE 34

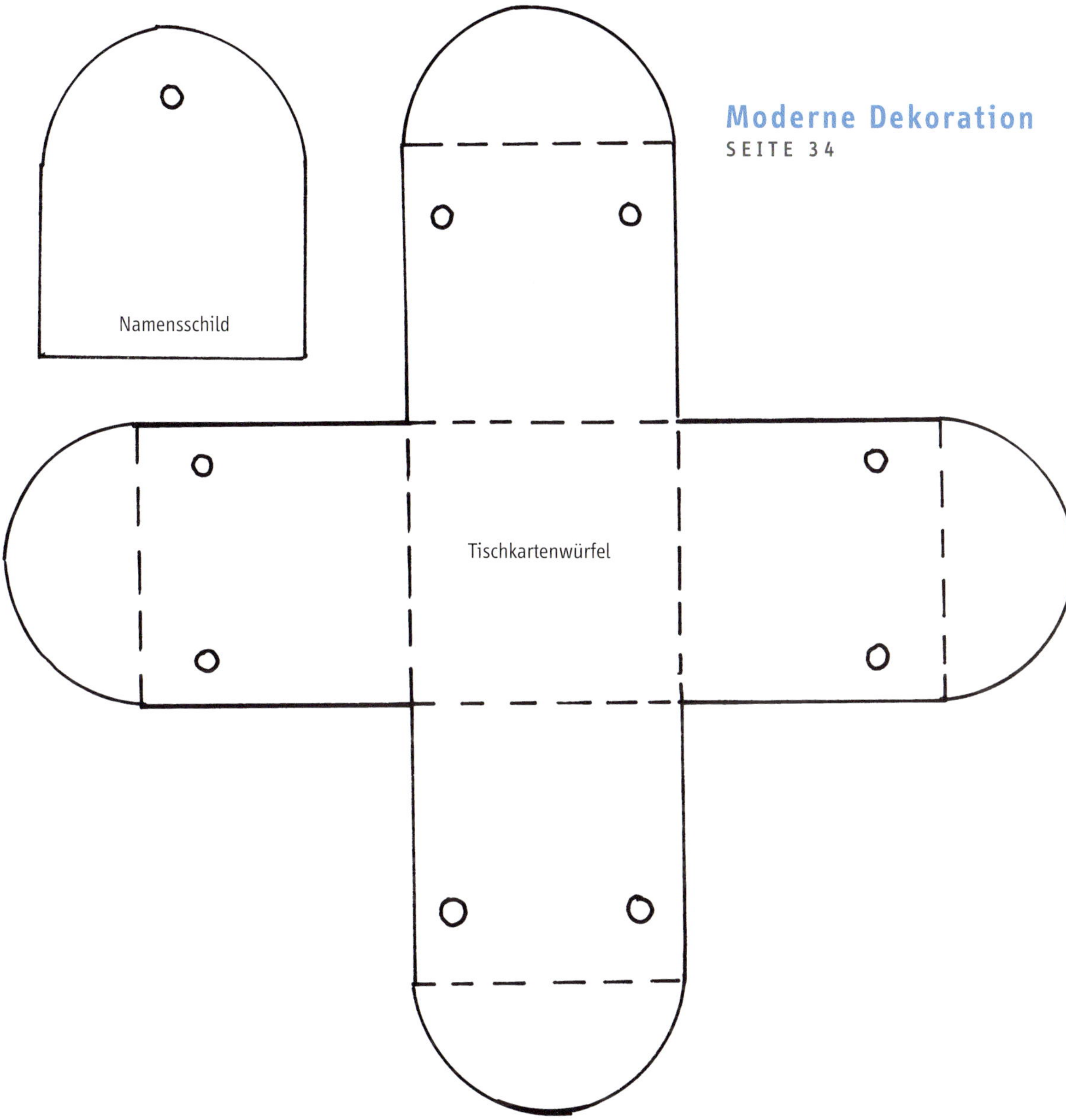

Frisch in Flieder-Weiß

SEITE 10
Album

A und B entlang der Wellenlinie auseinander schneiden und auf C kleben.

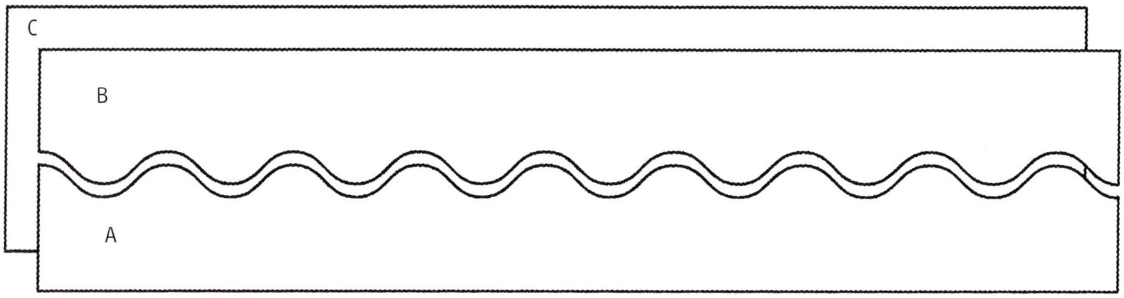

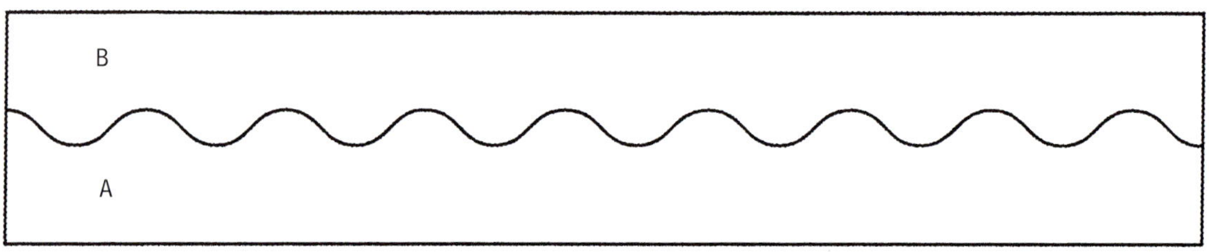

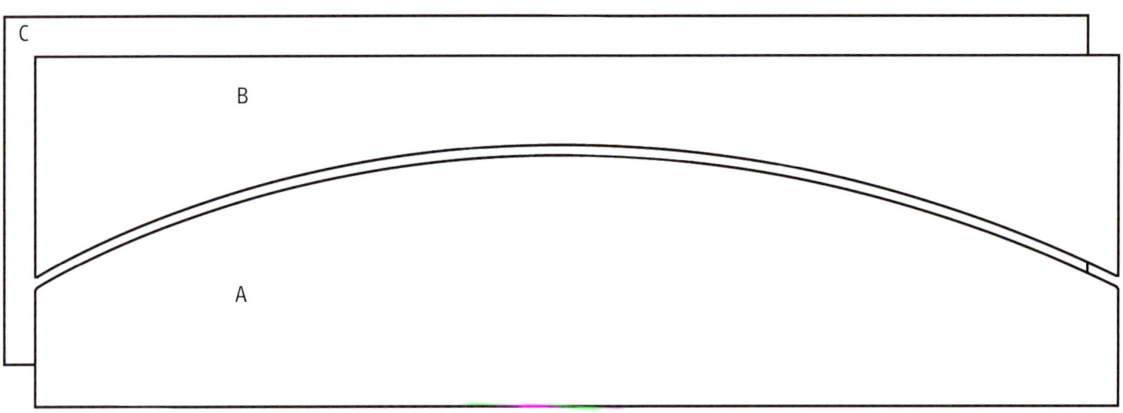

A und B entlang der gebogenen Linie auseunander schneiden und mit einem Abstand von ca. 1 mm bis 1,5 mm auf den Zuschnitt C kleben.

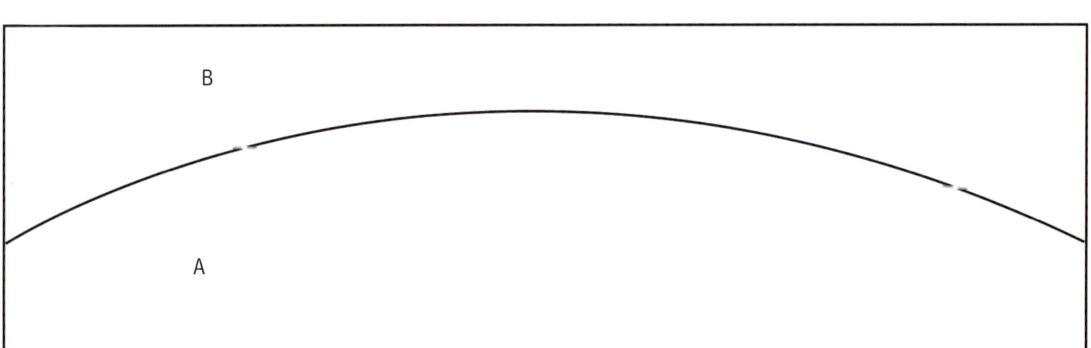

B

Frisch in Flieder-Weiß

SEITE 10
Album

Alle schwarzen Linien und Flächen mit dem Cutter ausschneiden und wegwerfen.

Teil A auf B kleben und überbleibende Schablonenteile spiegelverkehrt auf B platzieren, so dass eine Negativschablone entsteht. Alle schwarzen Linien und Flächen sind nach der Prägung erhaben.

Die Rose

SEITE 14

Das Symbol Regenbogen

SEITE 17-19

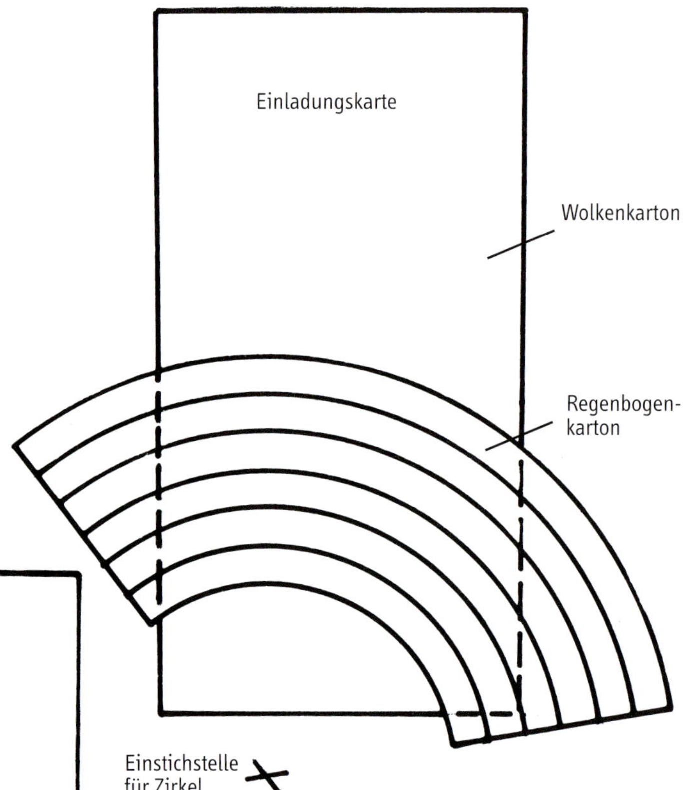

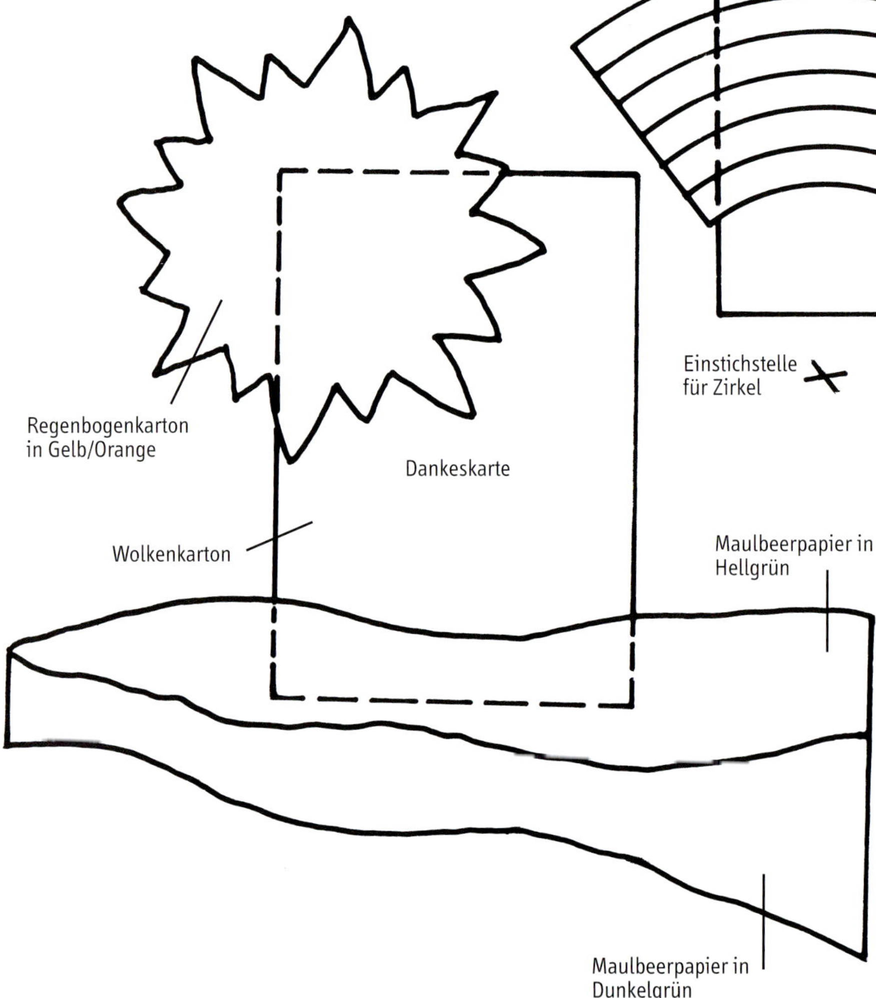

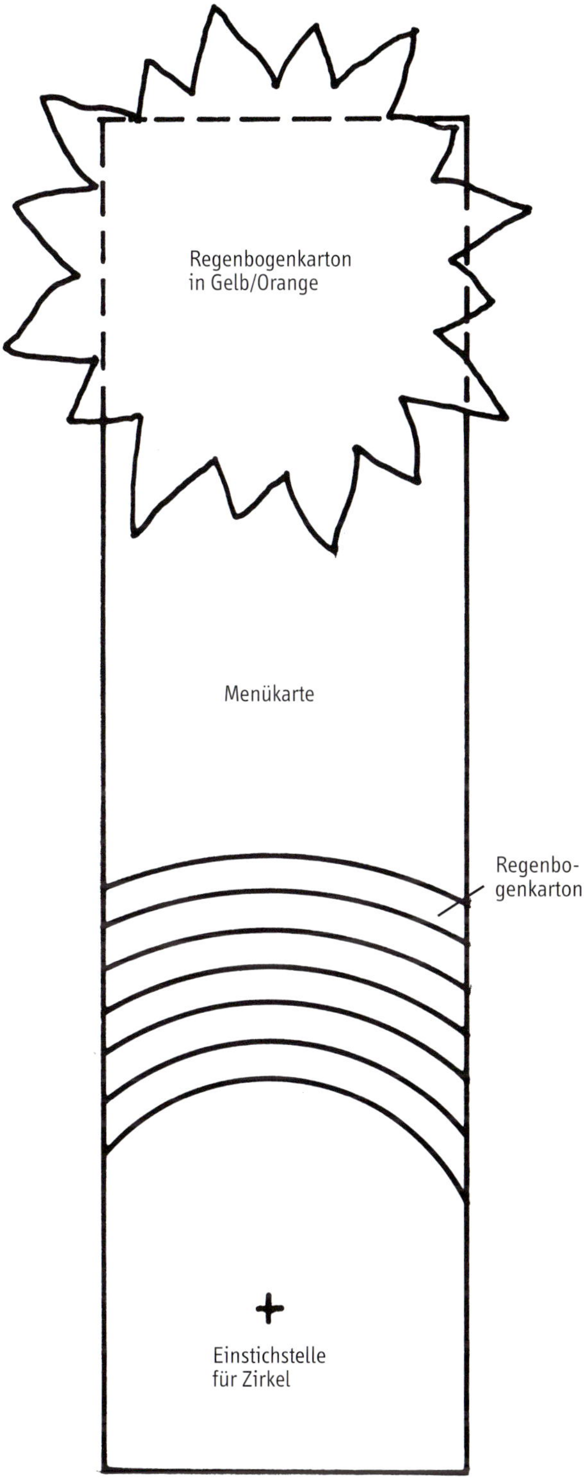

Das Symbol Regenbogen

SEITE 17-19

Klassische Kerzen

SEITE 58

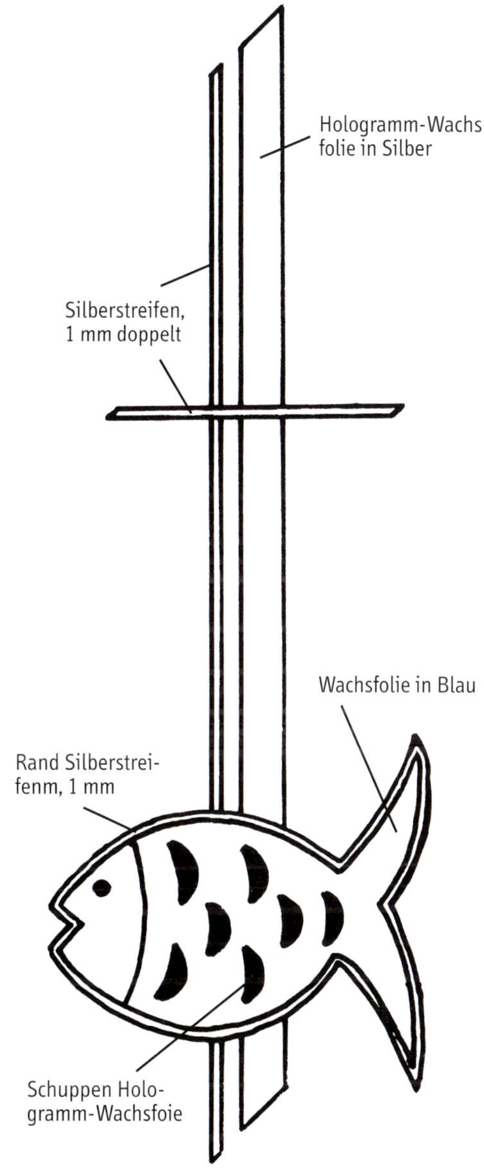

Das Symbol Fisch
SEITE 11

Dankeskarte:
doppelt ausschneiden Schuppen mit Metallik-Efektfolie

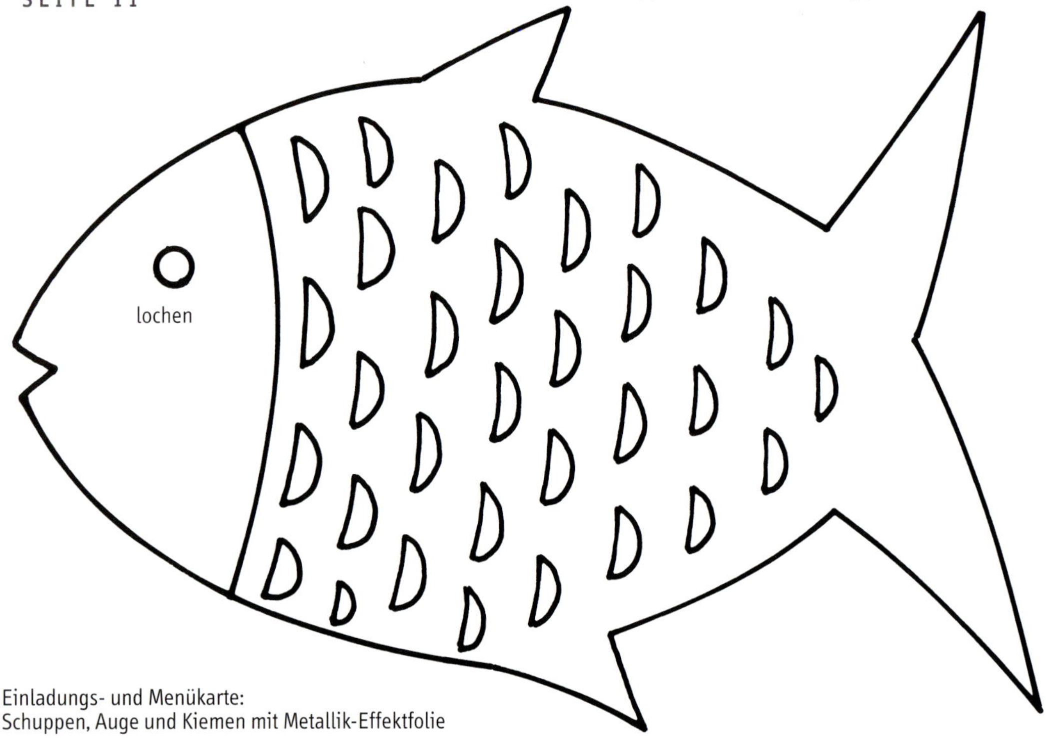

Einladungs- und Menükarte:
Schuppen, Auge und Kiemen mit Metallik-Effektfolie

auch Fisch für Serviettenring

Bei der Menükarte diesen
Fisch auf der Rückseite
anbringen

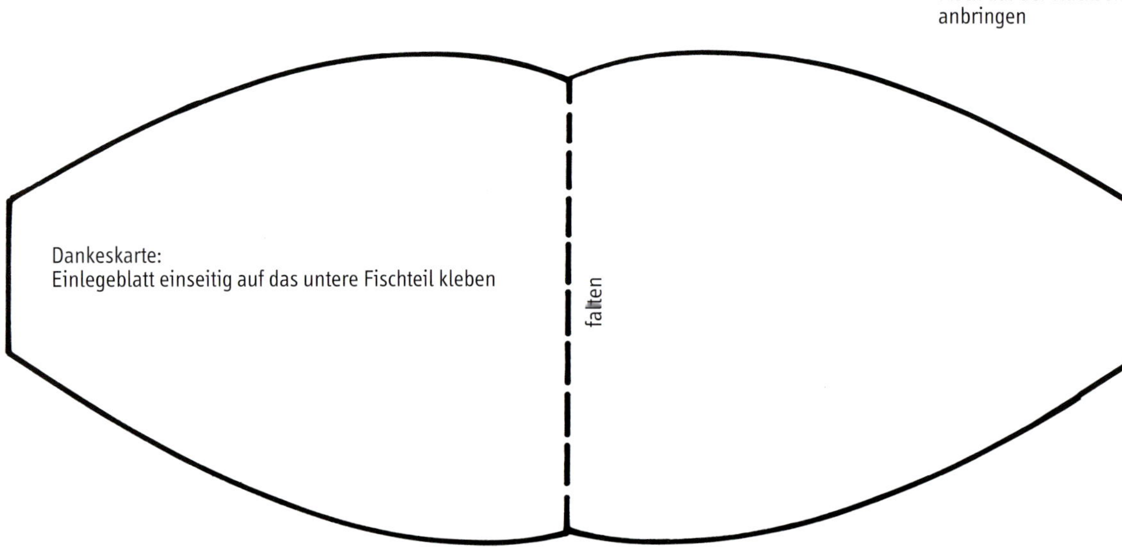

Dankeskarte:
Einlegeblatt einseitig auf das untere Fischteil kleben

Strahlend in Türkis und Blau

SEITE 48

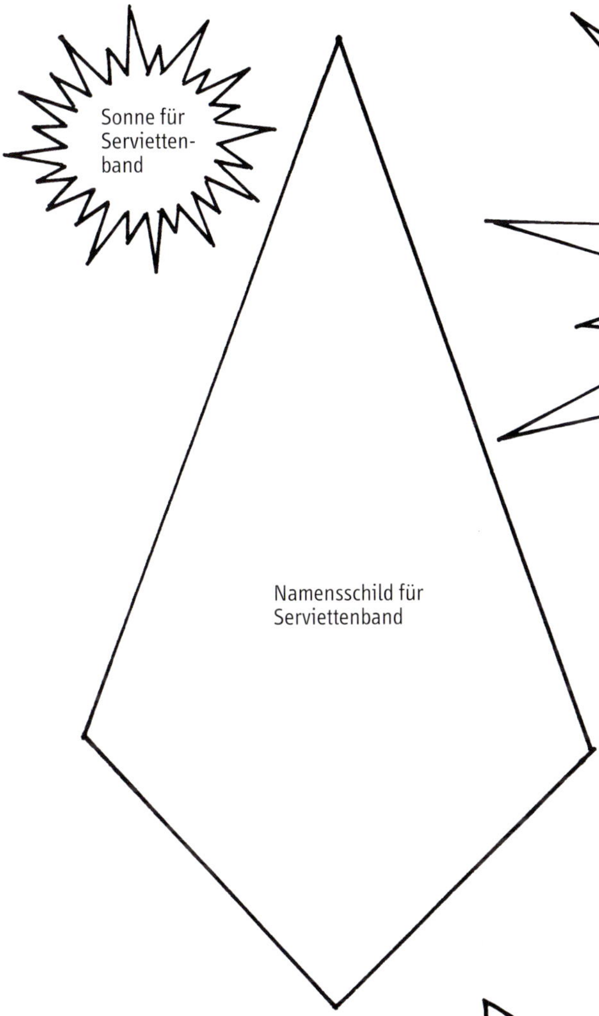

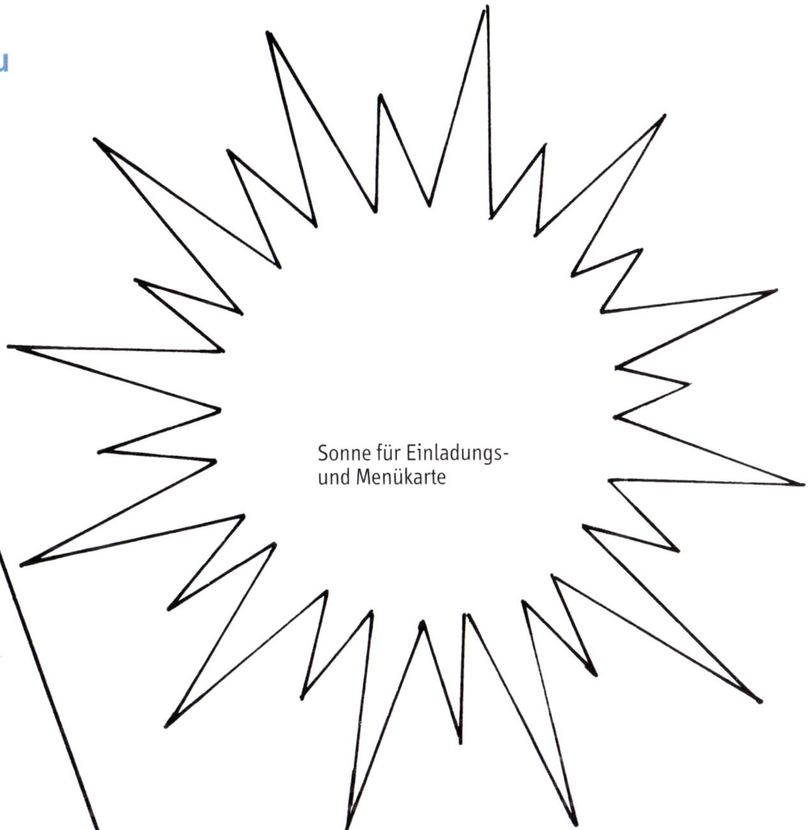

Goldene Taube

SEITE 38-40

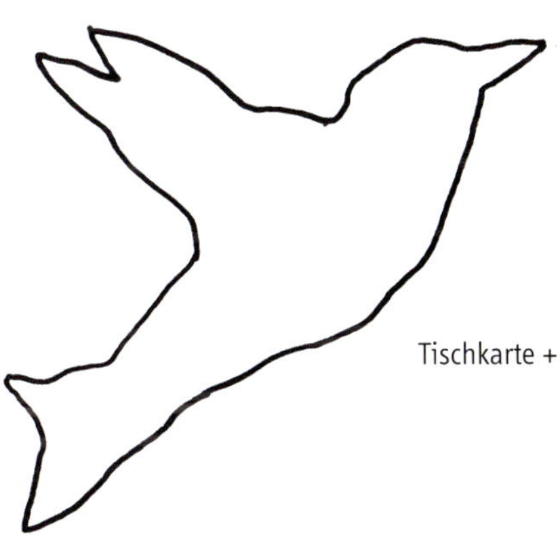

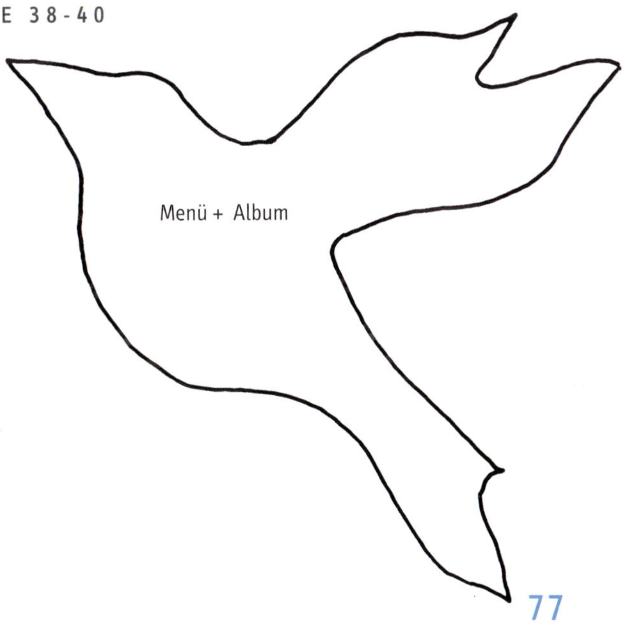

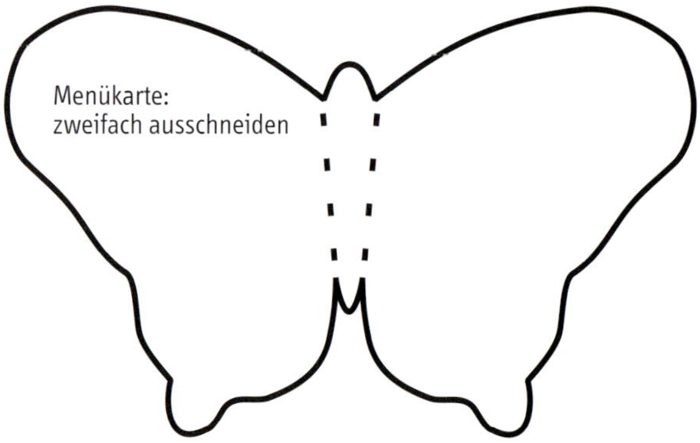

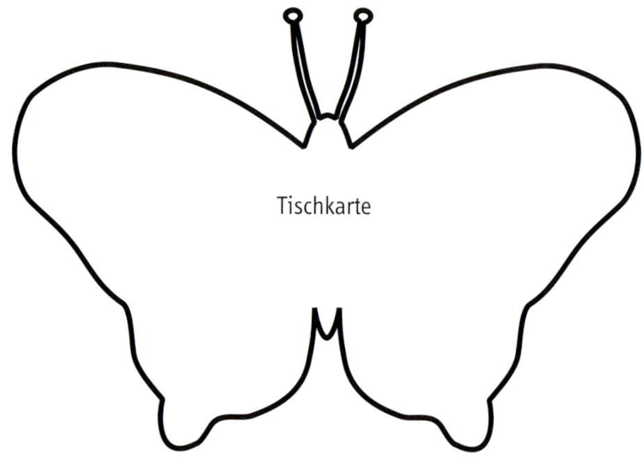

Sonniges Orange-Gelb

SEITE 30-33

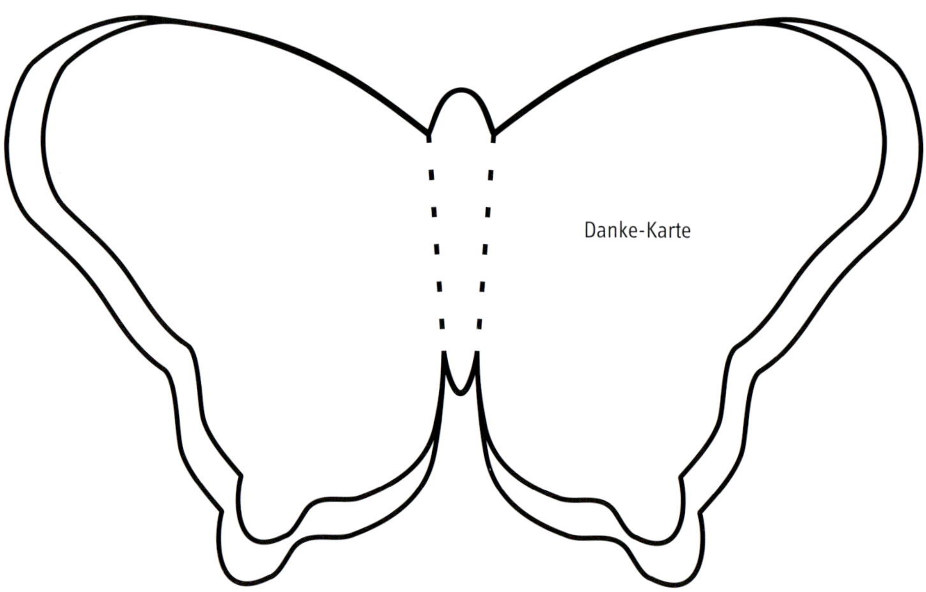

Fisch auf Blau

SEITE 45-47

EINLADUNG

Einladungskarte:
1. Schriftzug drucken (mit Rahmen-Markierung).
2. Ausschneiden und mittig falzen (an gestrichelter Linie).
3. Den rechten Rand mit Zierrandschere zurechtschneiden.

Falzkante

Sonniges Orange-Gelb

SEITE 30-33

IMPRESSUM

MODELLE: Melanie Klee (S. 8, 10, 21, 22/23, 25, 27), Ute Krämer und Roswitha Oehler (S. 29, 35, 39/40, 41, 49), Natalie und Annette Kunkel (S. 54, 57, 61, 63, 65), Heidrun und Hans H. Röhr (S. 30-33, 37, 44, 46/47, 51, 52/53), Hannelore Süß (S. 13/13, 15/16, 17-19, 59)

PROJEKTMANAGEMENT UND LEKTORAT: Claudia Mack

LAYOUT: Karoline Steidinger

FOTOS: frechverlag GmbH, 70499 Stuttgart; Frank Bayh und Steff Rosenberger-Ochs (S. 8, 10, 21, 22/23, 25, 27), Fotostudio Ullrich & Co., Renningen (alle anderen Bilder)

DRUCK UND BINDUNG: Finidr s.r.o., Cesky Tesin, Tschechische Republik

Auflage:	5.	4.	3.	2.	1.	
Jahr:	2010	2009	2008	2007	2006	[Letzte Zahlen maßgebend]

ISBN 10: 3-7724-5263-9
ISBN 13: 978-3-7724-5263-5
Best.-Nr. 5263